Otto Mayr

Deutsch

in der Sekundarstufe I

5/6

Auer Verlag GmbH

Gedruckt auf umweltbewusst gefertigtem, chlorfrei gebleichtem
und alterungsbeständigem Papier.

1. Auflage 2008
Nach den seit 2006 amtlich gültigen Regelungen der Rechtschreibung

Illustrationen: Gudrun Lenz, Berlin
Satz: fidus Publikations-Service GmbH, Augsburg
Druck und Bindung: R. N. Aubele GmbH, Bobingen
ISBN 978-3-403-0**4912**-8

www.auer-verlag.de

Inhaltsverzeichnis

Vorwort

Das vorliegende Buch beinhaltet die Themen, die der Lehrplan für die fünften und sechsten Klassen vorgibt, und verknüpft die einzelnen Lehrplanabschnitte sinnvoll miteinander.

Der Band verbindet zunächst die Themenbereiche Sprechen und Schreiben, indem zur Erarbeitung der Erzähl- und Informationstexte Sprechanlässe angeboten werden, die zur Erschließung des Themas unabdingbar nötig sind. Im Anschluss daran werden die Texte in Verbindung mit Themen aus dem Bereich der Sprachlehre kombiniert, die Hilfe zur Textproduktion geben.
Die Schüler[1] erhalten altersgemäße Angebote zum Erzählen und Informieren: Sie erzählen von Erlebnissen, beschreiben Vorgänge, geben Sachverhalte wieder, berichten von Geschehnissen, legen ihre Meinung dar und gehen kreativ mit Texten um – anhand von Themen, die zur jeweiligen Jahrgangsstufe passen.

Im Bereich des Rechtschreibens bietet der Band den Schülern Hilfen zur rechtschreibbewussten Haltung. Verschiedene Arbeitstechniken und Übungsformen, das Erlernen von Rechtschreibstrategien sowie die Anwendung weiterer wichtiger Rechtschreibregeln tragen zu einer Steigerung der Rechtschreibleistung bei. Neue Formen von Rechtschreibtests geben dem Lehrer modernes Übungsmaterial an die Hand, zu finden sind aber auch traditionelle Testdiktate. Ein Überblick über die wichtigsten Fachbegriffe aus dem Bereich der Sprachlehre fasst die Begriffe zusammen, die Schüler beherrschen sollten.

Der Band will weiterhin helfen, das Leseinteresse der Schüler zu wecken. Er enthält Material zum handlungs- und produktionsorientierten Umgang mit Sachtexten und literarischen Texten, motiviert die Schüler zu kreativem Tun und weckt die Lesefreude. Ein Überblick über die jahrgangsspezifischen literarischen Texte, wie Erzählung, Fabel, Sage, Märchen, Legende, Schelmengeschichte, ermöglicht es dem Lehrer, deren Gestaltungsmerkmale klar herauszuarbeiten.

Typische Projekte, wie z. B. der Besuch einer Bücherei oder die Teilnahme an einem Lesewettbewerb, runden dieses Buch ab.

---

[1] Hinweis: Wenn in diesem Buch von Schüler gesprochen wird, ist immer auch die Schülerin gemeint. Ebenso verhält es sich mit Lehrer und Lehrerin.

5.

Jahrgangsstufe

Kennst du diese Texte?

Benenne die Textform der hier aufgeführten Textanfänge! Schreibe sie jeweils darunter!

Liebe Tante Erna,

wie ich dir schon vor einiger Zeit geschrieben habe ...

Es war einmal ein König, der unerkannt in seinem Reich die Bewohner des Landes ...

Am Montag, den 12. August, ereignete sich an der Unterführung an der Siedlerstraße ein Verkehrsunfall ...

Yella mit den gelben Augen

Yella war ein Mädchen, das anders war als andere Mädchen. Sie hatte nämlich gelbe Augen, was einigen auf den ersten Blick auffiel, andere aber erst nach einer kleinen Weile bemerkten ...

Beim Zahnarzt

Als ich vor der Türe der Zahnarztpraxis stand, musste ich meinen ganzen Mut zusammennehmen, um nicht gleich wieder umzukehren ...

Der Löwe und die Maus

Ein Löwe und eine Maus trafen in einem Wald aufeinander. „Hallo", sagte die Maus. „Wer bist du denn?", fragte ...

Gold in Alaska

Gold! Gold! Alle machten sich auf, um ihr Glück zu machen. Aber was sollten wir in der Eishölle des Nordens noch erleben ...

Marmorkuchen

Wenn wir einen Marmorkuchen backen wollen, benötigen wir zunächst 200 g Mehl, zwei Eier ...

Wenn es Winter wird

Der See hat eine Haut
bekommen;
sodass man fast drauf gehen
kann,
und kommt ein großer Fisch
geschwommen,
so stößt er mit der Nase dran.

Mensch-ärgere-dich-nicht

An dem Spiel können bis zu vier Spieler teilnehmen. Jeder der Spieler erhält vier Figuren einer Farbe und stellt sie in sein Feld. Dann wird gewürfelt, bis ...

Kennst du diese Texte?

Benenne die Textform der hier aufgeführten Textanfänge! Schreibe sie jeweils darunter!

Liebe Tante Erna,

wie ich dir schon vor einiger Zeit geschrieben habe ...

Brief

Es war einmal ein König, der unerkannt in seinem Reich die Bewohner des Landes ...

Märchen

Am Montag, den 12. August, ereignete sich an der Unterführung an der Siedlerstraße ein Verkehrsunfall ...

Bericht

Yella mit den gelben Augen

Yella war ein Mädchen, das anders war als andere Mädchen. Sie hatte nämlich gelbe Augen, was einigen auf den ersten Blick auffiel, andere aber erst nach einer kleinen Weile bemerkten ...

Fantasieerzählung

Beim Zahnarzt

Als ich vor der Türe der Zahnarztpraxis stand, musste ich meinen ganzen Mut zusammennehmen, um nicht gleich wieder umzukehren ...

Erlebniserzählung

Der Löwe und die Maus

Ein Löwe und eine Maus trafen in einem Wald aufeinander. „Hallo", sagte die Maus. „Wer bist du denn?", fragte ...

Fabel

Gold in Alaska

Gold! Gold! Alle machten sich auf, um ihr Glück zu machen. Aber was sollten wir in der Eishölle des Nordens noch erleben ...

Abenteuerroman

Marmorkuchen

Wenn wir einen Marmorkuchen backen wollen, benötigen wir zunächst 200 g Mehl, zwei Eier ...

Rezept

Wenn es Winter wird

Der See hat eine Haut
bekommen;
sodass man fast drauf gehen
kann,
und kommt ein großer Fisch
geschwommen,
so stößt er mit der Nase dran.

Gedicht

SMS

Mensch-ärgere-dich-nicht

An dem Spiel können bis zu vier Spieler teilnehmen. Jeder der Spieler erhält vier Figuren einer Farbe und stellt sie in sein Feld. Dann wird gewürfelt, bis ...

Spielanleitung

Wie kann ich Texte sprachlich besser gestalten?

Im Wald

Wenn Laubbäume krank sind weisen die Laubbäume deutliche Veränderungen auf und ihre Blätter haben Flecken oder die Blätter rollen sich zusammen und im Herbst färben sich kranke Laubbäume früher als gesunde. Als die Bäume geschädigt sind, werden die Astspitzen und Äste im oberen Bereich der Krone trocken? Außerdem zeigt die Rinde kranker Laubbäume oft Risse. Oder die Bäume weisen Flecken auf. Oder es bilden sich Wucherungen.

Unterstreiche Textstellen, die deiner Meinung nach falsch oder nicht gelungen sind! Wie kann man Texte besser gestalten? Formuliere sechs Tipps!

So gestaltest du deine Texte besser:

1. ______________________________
2. ______________________________
3. ______________________________
4. ______________________________
5. ______________________________
6. ______________________________

Berücksichtige diese Ratschläge und gestalte den Text sprachlich besser!

____

____

____

____

____

____

____

____

Wie kann ich Texte sprachlich besser gestalten?

Im Wald

Wenn Laubbäume krank sind weisen die Laubbäume deutliche Veränderungen auf und ihre Blätter haben Flecken oder die Blätter rollen sich zusammen und im Herbst färben sich kranke Laubbäume früher als gesunde. Als die Bäume geschädigt sind, werden die Astspitzen und Äste im oberen Bereich der Krone trocken? Außerdem zeigt die Rinde kranker Laubbäume oft Risse. Oder die Bäume weisen Flecken auf. Oder es bilden sich Wucherungen.

Unterstreiche Textstellen, die deiner Meinung nach falsch oder nicht gelungen sind! Wie kann man Texte besser gestalten? Formuliere sechs Tipps!

So gestaltest du deine Texte besser:

1. **Achte darauf, dass die Sätze nicht zu lang werden!**
2. **Achte auf verschiedene Satzanfänge!**
3. **Vermeide ständige Wiederholung einzelner Wörter!**
4. **Verwende treffende Konjunktionen (Bindewörter)!**
5. **Achte auf die richtige Zeichensetzung!**
6. **Verwende treffende Attribute (Beifügungen)!**

Berücksichtige diese Ratschläge, und gestalte den Text sprachlich besser!

Wenn Laubbäume krank sind, weisen sie starke Veränderungen auf. Ihre Blätter haben Flecken oder sie rollen sich zusammen. Im Herbst färben sich kranke Laubbäume früher als gesunde. Wenn die Bäume stark geschädigt sind, werden die Astspitzen und Äste im oberen Bereich der Krone trocken. Außerdem zeigt die Rinde kranker Laubbäume oft sehr tiefe, lange Risse. Die geschädigten Bäume weisen schwarze Flecken auf. Häufig bilden sich hässliche Wucherungen.

Was ist eine Ich-Geschichte?

Viele Schüler erzählen ihrer Lehrerin oder ihrem Lehrer, was sie am Wochenende, im Urlaub, in den Ferien, beim Sport, in der Freizeit erlebt haben. Sie erzählen von Dingen, die Spaß gemacht haben, von Erlebnissen, die traurig waren, und von Ideen, die sie in der Zukunft verwirklichen wollen.
Wenn du aufschreibst, was du von dir erzählen willst, bist du bereits der Verfasser einer **Ich-Geschichte**.
Ich-Geschichten erzählen von Dingen, **die du erlebt hast, die dich kennzeichnen**!

So kannst du eine Ich-Geschichte vorbereiten:

1. *Schreibe einen Namentext:*

Nett	**P**C-Spielen liebe ich.
Intelligent	**A**lt ist mein Hund.
Clever	**U**ngerechtigkeit hasse ich.
Optimistisch	**L**angweilig ist es mir nie.
Lustig	
Ehrlich	

2. *Verfasse ein Elfchen (1+2+3+4+1 Wörter), das dich kennzeichnet!*

David
geht schwimmen
liest gern Comics
hat einen eigenen PC
toll

3. *Drücke deine Wünsche, Fragen und Meinungen in Ich-Texten aus:*

Ich wünsche mir, dass ...
Ich ärgere mich darüber, dass ...
Ich möchte einmal ...
Ich freue mich über ...

Eine Ich-Geschichte vorbereiten – Steckbrief

Name:	Vanessa Färber
Geburtstag:	27. Mai 1997
Adresse:	Am Grüneberg 14, 54292 Trier
Hobbys:	Lesen, Rad fahren
Das mag ich nicht:	Früh ins Bett gehen Mathematik Viele Probearbeiten in einer Woche
Mein Lieblingstier:	Meerschweinchen
Meine Lieblingsfarbe:	Blau
Mein Lieblingsessen:	Pizza
Mein Lieblingsspruch:	…

Schreibe einen Steckbrief von dir, der deine Person kennzeichnet. Was willst du noch ergänzen, was lässt du weg? Was ist dir besonders wichtig?

Name: ______________________

Geburtstag: ______________________

Adresse: ______________________

Wie verfasse ich eine Ich-Geschichte? (1)

1. Ein Wörternetz knüpfen:

Mithilfe eines Wörternetzes kannst du auch eine vollständige Geschichte schreiben. So kannst du vorgehen:

1. Wähle ein Schlüsselwort aus!
2. Schreibe es in die Mitte des Blattes!
3. Überlege, welche Wörter dir dazu einfallen!
4. Schreibe sie um das Wort herum auf!

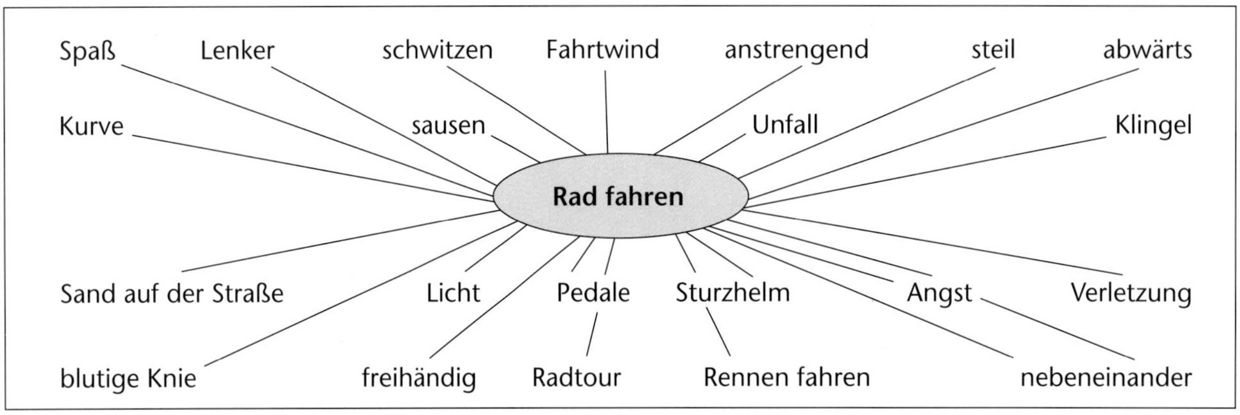

2. Eine Stichwortgeschichte schreiben:

Mithilfe des Wörternetzes kannst du nun eine Stichwortgeschichte schreiben, z. B.:

Ich halte mich am Lenker fest und trete kräftig in die Pedale.
Fahrrad fahren macht Spaß.
Wir rasen durch den Wald.
Der Fahrtwind pfeift um meine Ohren.
Da platzt mir der Reifen.

Wie verfasse ich eine Ich-Geschichte? (2)

3. Eine Ich-Geschichte schreiben:

Baue nun deine Stichwortgeschichte zu einer kompletten Erzählung, deiner Ich-Geschichte, aus!

Achte bei deiner Ich-Geschichte auf folgende Punkte:

1. Denke daran, dass die Leser deine Geschichte nicht kennen. Erzähle, welche Personen dabei waren, wann und wo etwas geschehen ist ...
2. Folgende Wörter können deine Geschichte spannender machen:
   Zeitangaben: *plötzlich, auf einmal, gerade als, in diesem Moment ...*
   Adjektive: *gefährlich, dunkel, leise, riesig, furchtbar ...*
3. Was hast du während des Erlebnisses gedacht, gefühlt, geahnt? – z. B.
   Was war das? Ich zitterte vor Angst! Wie konnte ich ahnen, dass ...
4. Erzähle auch, was gesprochen wurde. Verwende die wörtliche Rede:
   „Nichts wie weg!", schrie Markus und rannte davon ...
5. Finde eine spannende Überschrift, die den Leser neugierig macht!

Was könnte hier geschehen sein? Hast du schon einmal etwas erlebt, was mit diesem Bild zu tun haben könnte?

Die wörtliche Rede

Als Mutter gestern früh aus dem Fenster sah, rief sie: „Wir unternehmen einen Ausflug. Das wird heute ein besonders schöner Tag!“ „Nehmt ihr auch eueren Regenumhang mit?“, fragte mein Bruder.
Alexander schaute zum Himmel und meinte: „Das Wetter wird schön. Es wird nicht regnen.“ ... „Ach, hätte ich nur einen Regenschirm dabei“, jammerte später die Mutter, „dann wäre ich nicht so nass geworden.“

Unterstreiche in dem Text die wörtliche Rede!

In der wörtlichen Rede wird dargestellt, was jemand gesagt, gemeint oder gedacht hat. Die wörtliche Rede steht zwischen Anführungszeichen.

Es gibt drei Formen der wörtlichen Rede, finde Beispielsätze für jede Variante, und schreibe sie jeweils auf die Linie:

1. Wörtliche Rede mit Voraussatz (Der Begleitsatz ist vorne!):

__________: „................“ __________: „................!“ __________: „................?“

____

____

2. Wörtliche Rede mit Nachsatz (Der Begleitsatz ist hinten!):

„................“, __________ „................!“, __________ „................?“, __________

____

____

3. Wörtliche Rede mit Zwischensatz (Der Begleitsatz ist in der Mitte!):

„................“, __________, „................“

____

„................“, __________. „................!“

____

„................?“, __________. „................!“

____

Die wörtliche Rede

Als Mutter gestern früh aus dem Fenster sah, rief sie: „Wir unternehmen einen Ausflug. Das wird heute ein besonders schöner Tag!“ „Nehmt ihr auch eueren Regenumhang mit?“, fragte mein Bruder.
Alexander schaute zum Himmel und meinte: „Das Wetter wird schön. Es wird nicht regnen.“ ... „Ach, hätte ich nur einen Regenschirm dabei“, jammerte später die Mutter, „dann wäre ich nicht so nass geworden.“

Unterstreiche in dem Text die wörtliche Rede!

In der wörtlichen Rede wird dargestellt, was jemand gesagt, gemeint oder gedacht hat. Die wörtliche Rede steht zwischen Anführungszeichen.

Es gibt drei Formen der wörtlichen Rede, finde Beispielsätze für jede Variante, und schreibe sie jeweils auf die Linie:

1. Wörtliche Rede mit Voraussatz (Der Begleitsatz ist vorne!):

__________: „.................“ __________: „.................!“ __________: „.................?“

Ina meint: „Wir gehen jetzt.“ Ina meint: „Wir sollten jetzt aber gehen!“

Ina meint: „Sollten wir nicht lieber gehen?“

2. Wörtliche Rede mit Nachsatz (Der Begleitsatz ist hinten!):

„.................“, __________ „.................!“, __________ „.................?“, __________

„Ich kaufe ein Heft“, sagt Tim. „Bring mir bitte ein Heft mit!“, ruft Tim.

„Kannst du mir bitte ein Heft mitbringen?“, fragt Tim.

3. Wörtliche Rede mit Zwischensatz (Der Begleitsatz ist in der Mitte!):

„.................“, __________, „.................“

„Wir kommen vorbei“, verspricht Laura, „wir haben genügend Zeit“.

„.................“, __________. „.................!“

„Wir werden jetzt gehen“, meint Laura. „Packt den Koffer ein!“

„.................?“, __________. „.................!“

„Kommen wir noch rechtzeitig?“, fragt Laura. „Wir sind spät dran!“

Was ist eine Fantasiegeschichte?

Eine Fantasiegeschichte ist eine Erlebniserzählung, in der die Ereignisse, die Personen, sonstige Figuren und Umstände frei erfunden sind. In Wirklichkeit gibt es das alles nicht. Eine der bekanntesten Fantasiegeschichten ist „Harry Potter".
Die Fantasiegeschichte unterhält den Leser durch viele Überraschungsmomente.
Die am Geschehen beteiligten Personen zeigen deutlich ihre Gefühle.
Oft reicht eine einzige gute Idee aus, um eine Fantasiegeschichte zu schreiben.
Diese muss allerdings ausführlich dargestellt werden.

Es gibt verschiedene Formen von Fantasiegeschichten, beispielsweise:

- Gespenstergeschichten (Geister im Haus, Gespenster gehen durch Wände, Spuk im Schloss ...)
- Abenteuer im Weltall (außerirdische Wesen, Raumschiffe mit Lichtgeschwindigkeit, Roboter, die menschliche Züge annehmen ...)
- Erlebnisse unter Wasser (untergegangene Kontinente, Tiefseeungeheuer, Städte unter Wasser ...)
- Vielleicht deine ganz neue Idee, auf die noch niemand bisher gekommen ist?

Erkennst du hier Merkmale von Fantasiegeschichten?

Merkmale einer Fantasiegeschichte

In einer Fantasiegeschichte entführst du den Leser in eine spannende Erzählung, die sprachlich so interessant ist, dass er buchstäblich bis zum Schluss lesen „muss".
Die Aufbereitung einer Fantasieerzählung erfolgt nach der schon bekannten Aufsatzeinteilung:
Einleitung – Hauptteil – Schluss.
Als Erzählzeit gilt die 1. Vergangenheit.

Inhaltlich musst du auf folgende Punkte achten:

1. Die **Einleitung** beinhaltet die Ausgangssituation der Fantasiegeschichte. Sie führt zum Hauptteil hin und bereitet die eigentliche Geschichte vor. Sie soll den Leser dazu bringen, die Geschichte weiterzulesen.
2. Im **Hauptteil** folgt die eigentliche Geschichte, die oft ganz einfach beginnt, aber die Fantasiegeschichte komplett erzählt. Dabei soll die Spannung allmählich steigen und auf einen Höhepunkt der Geschichte hinführen.
3. Der **Schluss** rundet die Fantasiegeschichte ab.

Die Fantasieerzählung sollte folgendermaßen aufgebaut sein:

Wir bereiten eine Fantasiegeschichte vor

1. Wortfeld „sagen“:

Mit diesen Wörtern kann man viele Situationen darstellen:

sprechen rufen schreien flüstern jammern klagen flehen antworten
erzählen berichten lallen brummen plaudern seufzen fragen betteln
meinen auffordern klagen lachen singen befehlen einwenden erwähnen stottern

Ordne die Verben des Kastens richtig in die beiden Tabellen, 1. Lautstärke und 2. Adressatenbezug, ein!

laut	leise	normal

um etwas bitten	etwas fordern	mit jemandem „normal“ sprechen

2. Adjektive beschreiben Gefühle:

böse – entschlossen – riskant – umsichtig – gemein – todesmutig – schäbig – scharfsinnig – gehässig – verwegen – genial – klug – schadenfroh – raffiniert – überlegt – teuflisch – widerlich – beherzt – boshaft – furchtlos – findig – abscheulich – pfiffig – tapfer – heldenmütig – hinterlistig – tollkühn – waghalsig – geistreich – schneidig – aufgeweckt – begabt – erfinderisch – unfair

Ordne die Adjektive des Kastens richtig in die Tabelle ein!

gemein	mutig	schlau

Wir bereiten eine Fantasiegeschichte vor

1. Wortfeld „sagen":

Mit diesen Wörtern kann man viele Situationen darstellen:

sprechen rufen schreien flüstern jammern klagen flehen antworten
erzählen berichten lallen brummen plaudern seufzen fragen betteln
meinen auffordern klagen lachen singen befehlen einwenden erwähnen stottern

Ordne die Verben des Kastens richtig in die beiden Tabellen, 1. Lautstärke und 2. Adressatenbezug, ein!

laut	leise	normal
rufen	flüstern	sprechen, jammern, antworten
schreien	seufzen	erzählen, berichten, brummen, plaudern, fragen
flehen		betteln, meinen, auffordern, lachen
lallen		singen, befehlen, einwenden, erwähnen
klagen		stottern

um etwas bitten	etwas fordern	mit jemandem „normal" sprechen
flehen	auffordern	sprechen, antworten, erzählen, berichten
betteln	befehlen	plaudern, fragen, meinen, einwenden
		erwähnen

2. Adjektive beschreiben Gefühle:

böse – entschlossen – riskant – umsichtig – gemein – todesmutig – schäbig – scharfsinnig – gehässig – verwegen – genial – klug – schadenfroh – raffiniert – überlegt – teuflisch – widerlich – beherzt – boshaft – furchtlos – findig – abscheulich – pfiffig – tapfer – heldenmütig – hinterlistig – tollkühn – waghalsig – geistreich – schneidig – aufgeweckt – begabt – erfinderisch – unfair

Ordne die Adjektive des Kastens richtig in die Tabelle ein!

gemein	mutig	schlau
böse, gemein, schäbig	entschlossen, riskant	umsichtig, scharfsinnig
gehässig, schadenfroh	todesmutig, verwegen	genial, klug, raffiniert
teuflisch, widerlich	beherzt, furchtlos, tapfer	überlegt, findig, pfiffig
boshaft, abscheulich	heldenmütig, tollkühn	geistreich, aufgeweckt
hinterlistig, unfair	waghalsig, schneidig	begabt, erfinderisch

Besprechung in einer Schreibkonferenz

Tipps zur Gestaltung einer Fantasiegeschichte

- Bevor du nun mit dem Schreiben beginnst, überlege dir den ersten Satz – er ist für eine Geschichte sehr wichtig!
- Deine Geschichte muss verständlich sein. Vergiss nichts Wesentliches, und mache keine Gedankensprünge, sonst entstehen „Erzähllöcher".
- Lies deine Geschichte hinterher genau durch, und finde eine pfiffige Überschrift!

Besprecht eure Fantasieerzählungen anschließend in einer Schreibkonferenz. Lest eine Geschichte vor, und nehmt stichpunktartig dazu Stellung:

1. Was hat euch besonders gut gefallen?

___

___

2. Was passt deiner Meinung nach nicht richtig zusammen? Schlage deinem Mitschüler etwas anderes vor!

___

___

3. Kannst du bis zum Schluss der Geschichte gut folgen, gibt es „Erzähllöcher", oder ist an der Reihenfolge etwas unklar? Bewerte die Geschichte!

___

___

4. Wie findest du den ersten Satz der Geschichte? Ist er spannend, passt er zur Erzählung, erregt er Aufmerksamkeit?

___

5. Wie findest du die Überschrift? Passt sie zu dieser Geschichte, „zwingt" sie zum Weiterlesen? Finde auch eine andere passende Überschrift!

___

Schriftliche Sprachformen – Bewertungsbogen

Jede Art der schriftlichen Sprachformen ist durch ganz bestimmte Anforderungen gekennzeichnet. An folgendem Schema, an folgenden Fragen, kann man sich orientieren.

A. Inhalt (bei den klassischen Aufsatzformen):

1. Überschrift:
   - Ist die Überschrift der jeweiligen Sprachform angemessen?
   - Passt sie zum Thema?

2. Einleitung:
   - Die Einleitung soll zum eigentlichen Thema hinführen!
   - Sie soll aber nichts vom Hauptteil vorwegnehmen!

3. Hauptteil:
   - Sind die Anforderungen der jeweiligen Aufsatzart berücksichtigt?
     - **Fantasiegeschichte:** Gefühle, wörtliche Reden, Spannung, Höhepunkt, fantastische Figuren, Handlungen und Umstände, besondere Ideen, Zeitstufe Präteritum
     - **Erlebniserzählung (Weitererzählen):** Gefühle, wörtliche Reden, Spannung, Höhepunkt, logische Weiterführung der Erzählung, passender Schluss, Zeitstufe Präteritum
     - **Vorgangsbeschreibung:** genauer Ablauf, Kenntnisse des Vorgangs, Fachausdrücke, Zeitstufe Präsens
     - **Bericht:** Über Erlebtes schreiben und dabei die Fragen beantworten: Wer? Was? Wo? Wann? Wie? Welche Folgen? Zeitstufe Präteritum

3. Schluss:
   - Der Schluss soll die jeweilige Aufsatzform abrunden!

B. Inhalt bei anderen Sprachformen:

- Ich-Geschichte: Ist in dieser Geschichte der Schüler erkennbar?
  Personen, Ort und Zeit, Gefühle, wörtliche Rede, Überschrift passend zum Thema, Zeitstufe Präteritum
- Sachverhalte wiedergeben: Stimmt die Wiedergabe mit dem Inhalt des zu erzählenden Textes überein? Zeitstufe Präteritum oder Präsens
- Meinungen/Anliegen darlegen (Brief, Umfrage, Einladung, Beschwerde, Reklamation): Ist die Meinung/das Anliegen sachlich gerechtfertigt und adressatengerecht formuliert? Sicherer Gebrauch der Anrede, Zeitstufe Präsens
- Kreativ mit Texten umgehen: Kann der Schüler mit der Sprache „spielen", Altes neu erzählen, Texte umschreiben …?

C. Sprache:

- Richtige Zeitstufe wählen!
- Satzbau beachten, auch Nebensätze einfügen!
- Wiederholungen vermeiden!
- Sachfehler und „Lücken" vermeiden!
- Treffende Wortwahl, wörtliche Rede!
- Auf verschiedene Satzanfänge achten!
- Passende Konjunktionen verwenden!
- Ausdrucks- und Grammatikfehler vermeiden!
- Rechtschreibung beachten (Groß- und Kleinschreibung, Zeichensetzung)!

D. Äußere Form:

- Ordentliche Schrift (mit Füller schreiben)!
- Rand beachten und rechtzeitig trennen!
- Absätze bei Einleitung, Hauptteil und Schluss!
- Bei Briefen, Einladungen, Beschwerden, Reklamationen die dazu notwendige Form beachten: Briefkopf, Absender, Anliegen, Anrede, Bitte, Grußformel, Anlage

Name	Klasse	Datum		Blatt
Vanessa - Carolin Stark	7a M	18.7.2007	DEUTSCH	

Weltausstellungen 2005 und 2008

Die Weltausstellung Expo 2005 fand vom 25. März bis 25. September 2005 in der japanischen Präfektur Aichi statt. Das Motto der Expo war "Weisheit der Natur." Insgesamt besuchten 22.049.644 die Expo 2005. Nur 5% der Besucher waren Ausländer; dies war eine Enttäuschung für die Veranstalter, die mit 10% ausländischen Gästen gerechnet haben. Aus Furcht vor Terroranschlägen und wegen möglicher Lebensmittelvergiftungen wurde zu Beginn der Expo 2005 durch umfangreiche Sicherheitskontrollen sichergestellt, dass keine Getränke und Lebensmittel von außerhalb auf das Gelände gelangten. Unmittelbar nach Ende der Expo begannen wurden fast alle Attraktionen und Pavillions abgerissen, und das Gelände zu einem Park umgestaltet.

Fantasiegeschichte – Musterlösung

Spaziergang auf der Venus

An meinem letzten Geburtstag wurde mein größter Wunsch Wirklichkeit. Meine Eltern schenkten mir eine Rakete und ich wusste sofort, was ich mit ihr anfangen wollte.

Ich bedankte mich bei ihnen und fragte: „Mutti, kannst du mir bitte einige Brote einpacken? Ich möchte zur Venus fliegen!" „Natürlich, warte nur kurz, gleich packe ich sie ein", entgegnete sie. Ich nahm die Verpflegung, verabschiedete mich und kletterte an der Rakete zur Pilotenkanzel empor: „3 – 2 – 1 – 0 – Start!", zählte ich und drückte den Startknopf. Unter ohrenbetäubendem Lärm hob die Rakete ab.
Nur einige Augenblicke später war schon nichts mehr von der Erdoberfläche zu sehen, so schnell entfernte sich die Rakete von unserem Planeten.
Der Flug verlief äußerst spannend. Einige Planeten und Sterne zogen vorüber, und nach sechs Stunden Flug und einer weichen Landung betrat ich die Venus.
Ich war in einem Tal gelandet, denn als ich mich umsah, stellte ich fest, dass sich rund um mich herum lauter Berge befanden. „Das ist ja jetzt nicht so spaßig", dachte ich mir, „jetzt muss ich erst einen Berg erklimmen, um die Gegend ansehen zu können." Als ich mir gerade Gedanken machte, wo der Aufstieg am besten zu schaffen war, hörte ich ein seltsames Geräusch. „Was war das?", flüsterte ich, obwohl mich niemand hören konnte. Ich sah mich um, konnte aber nichts Außergewöhnliches entdecken. Doch da ertönte schon wieder dieses unheimliche Schaben und Knirschen, das ich nicht einschätzen konnte. Ich nahm ein Fernglas aus der Rakete und suchte nach und nach die Felswände ab. Meine Augen weiteten sich vor Schreck, als ich die Ursache des Geräusches sah. Ein riesiger Felsbrocken löste sich langsam von einer Wand. Nur noch wenige Minuten und er würde aus der Wand herausbrechen, eine Menge anderer Felsen und Steine mitreißen und mich samt meiner Rakete am Boden zermalmen. So schnell ich laufen konnte, rannte ich zu der Rakete zurück. Ich warf mich an das Steuerpult und leitete den Startvorgang ein.
Als ich aus dem Fenster sah, brach gerade der Felsbrocken aus der Wand heraus und donnerte zu Tal. Verzweifelt drückte ich den Startknopf, während eine Wand aus Geröll auf meine Rakete zuraste. Im letzten Moment hob die Rakete ab und entging der Steinlawine.

Als ich wieder zur Erde zurückgekehrt war, zitterten meine Beine immer noch. Meinen Eltern gegenüber erklärte ich jedoch, dass dies nur an der Schwerkraft der Erde liegen würde.

Was ist eine Vorgangsbeschreibung?

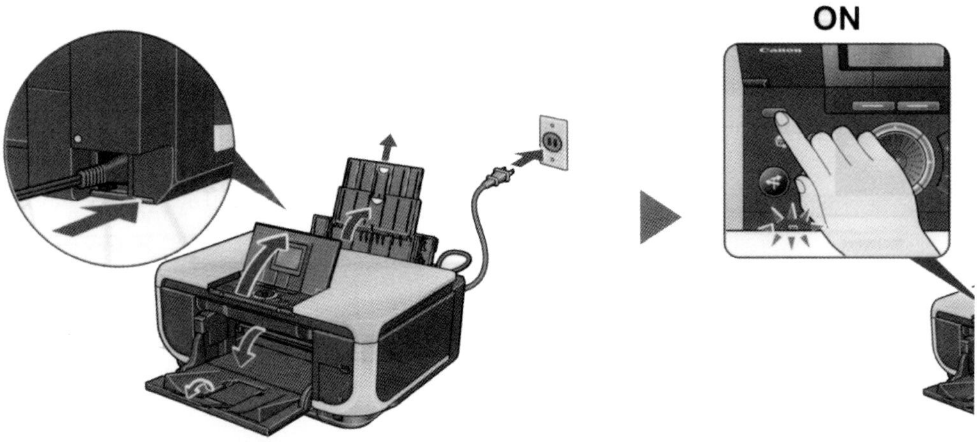

Mit einer Vorgangsbeschreibung erklären wir dem Leser, wie ein bestimmter Vorgang abläuft. Die Beschreibung verlangt zunächst ein sorgfältiges und genaues Darstellen des Vorgangs. Sie soll so eindeutig und anschaulich verfasst werden, dass sich der Leser den Ablauf des Vorgangs vorstellen kann. Deshalb ist es wichtig, in der Beschreibung den Vorgang in seiner zeitlichen Abfolge lückenlos und logisch darzustellen.
Es gibt verschiedene Arten von Vorgangsbeschreibungen, denen im täglichen Leben große Bedeutung zukommt:

- Versuchsbeschreibung: Beschreibung eines Versuches, z. B. aus der Physik
- Spielanleitung: Beschreibung eines Spieles, z. B. Mensch-ärgere-dich-nicht
- Bastelanleitung: Wie bastele ich einen Papierflieger?
- Reparaturanleitung: Wie wechsele ich die Festplatte meines PCs aus?
- Kochrezept: Wie bereite ich Wiener Schnitzel zu?

Achte bei einer Vorgangsbeschreibung auf folgende Punkte:

1. Denke den Vorgang genau durch, ehe du zu schreiben beginnst!
2. Beschreibe genau und anschaulich!
3. Verwende die notwendigen Fachbegriffe!

Beschreibe mündlich folgenden Vorgang:

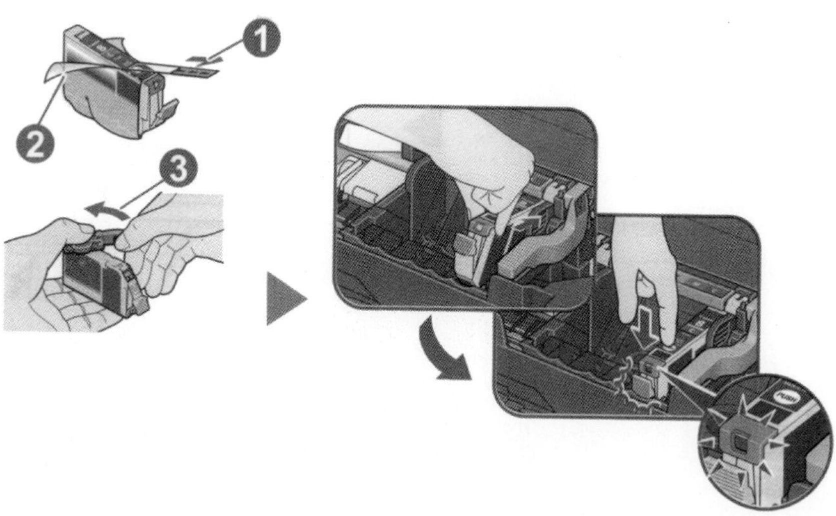

Merkmale einer Vorgangsbeschreibung

Die Aufgabe einer Vorgangsbeschreibung ist, einen Vorgang so zu beschreiben, dass er ______________ werden kann. Vorgangsbeschreibungen finden wir in ______________________________ ______________________________.

In einer Vorgangsbeschreibung wird ein ______________ Nacheinander beschrieben.

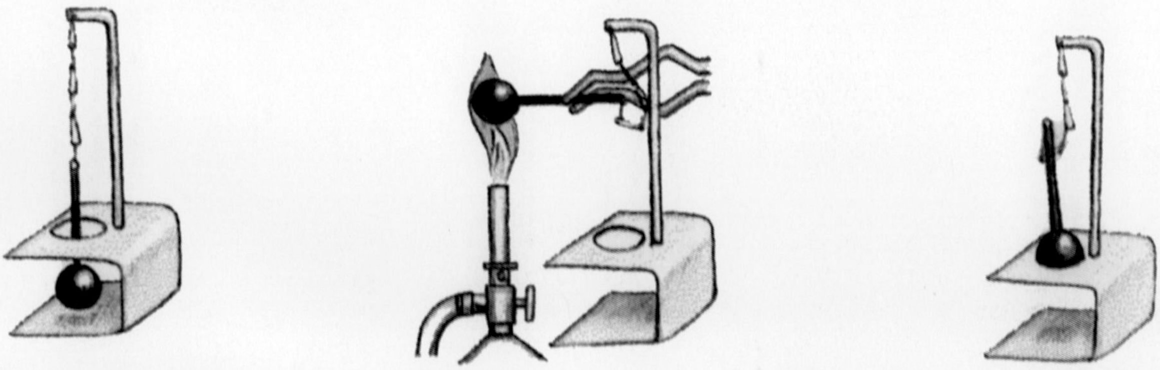

Erforderlich sind:

1. Gründliche Kenntnisse des ______________ und der notwendigen ______________.
2. Eine ______________ Darstellung der einzelnen Abschnitte des Vorgangs.

Stilmittel:

1. Die Sprache ist ______________ (keine wörtliche Rede, keine Gefühle, keine Spannung, kein Höhepunkt wie in der Erzählung).
2. Als Subjekt (Satzgegenstand) kannst du verwenden: __________, __________, __________!

   Beispiel: __________ drehe nun die Schraube nach rechts.

   __________ drehen nun die Schraube nach rechts.

   __________ dreht nun die Schraube nach rechts.
3. Gezielt ______________ einbauen, um den Ablauf zu erläutern, z. B.:

   Man dreht nun die Schraube nach rechts, um das Seitenteil zu öffnen.
4. Zeitform: ______________________________
5. Verwende passende Konjunktionen (Bindewörter), z. B.:

   ____

   ____

Merkmale einer Vorgangsbeschreibung

Die Aufgabe einer Vorgangsbeschreibung ist, einen Vorgang so zu beschreiben, dass er **wiederholt** werden kann. Vorgangsbeschreibungen finden wir in **Versuchsbeschreibungen, Spiel-, Bastel- und Reparaturanleitungen, Koch- und Backrezepten**.

In einer Vorgangsbeschreibung wird ein **zeitliches** Nacheinander beschrieben.

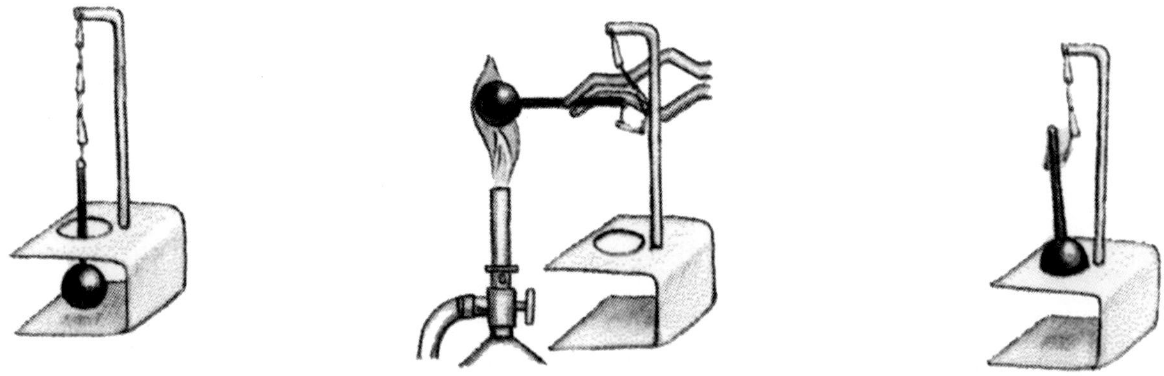

Erforderlich sind:

1. Gründliche Kenntnisse des **Vorgangs** und der notwendigen **Fachausdrücke**.
2. Eine **lückenlose** Darstellung der einzelnen Abschnitte des Vorgangs.

Stilmittel:

1. Die Sprache ist **sachlich** (keine wörtliche Rede, keine Gefühle, keine Spannung, kein Höhepunkt wie in der Erzählung).
2. Als Subjekt (Satzgegenstand) kannst du verwenden: **ich**, **sie**, **man**!

   Beispiel: **Ich** drehe nun die Schraube nach rechts.

   Sie drehen nun die Schraube nach rechts.

   Man dreht nun die Schraube nach rechts.
3. Gezielt **Nebensätze** einbauen, um den Ablauf zu erläutern, z. B.:

   Man dreht nun die Schraube nach rechts, um das Seitenteil zu öffnen.
4. Zeitform: **Präsens (Gegenwart)**
5. Verwende passende Konjunktionen (Bindewörter), z. B.:

   und, außerdem, andernfalls, aber, trotzdem, sondern, vielmehr, bevor, ehe, nachdem, umso, anstatt, denn, deshalb, darum, sodass, da

Wir bereiten eine Vorgangsbeschreibung vor: Bastelanleitung

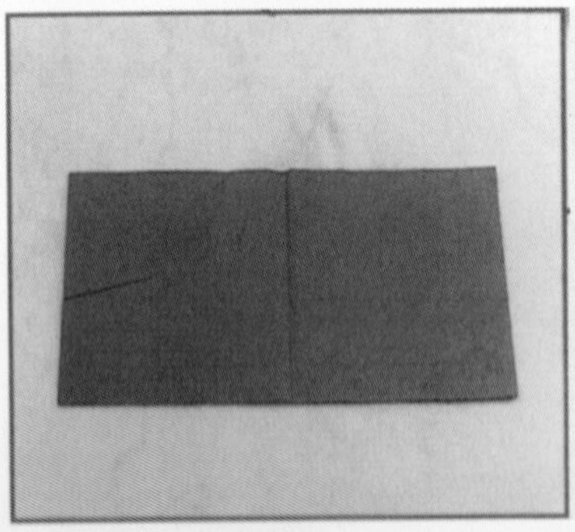

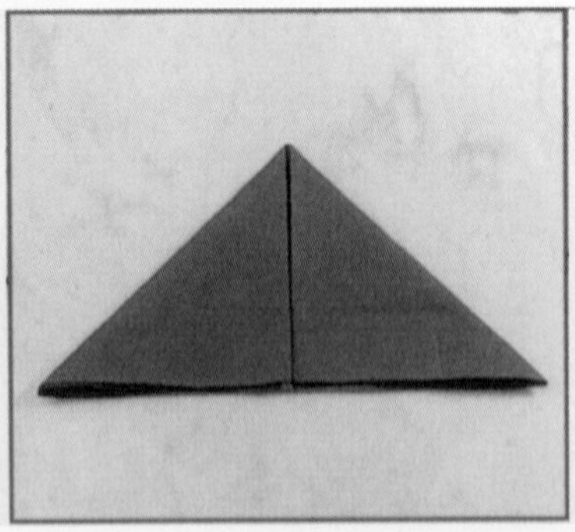

Bringe die Sätze in eine sinnvolle Reihenfolge! Achte auf Einleitung, Hauptteil und Schluss!

Der zweifache Tannenbaum

Nun klappt man die linke obere Ecke zur Mitte nach unten. – Auf diese Weise ist aus einer Serviette ein kleines Kunstwerk entstanden, das die Gäste zu schätzen wissen. – Eine einfache Art, Servietten zu falten, ist der „zweifache Tannenbaum". – Zuerst faltet man die Serviette zur Hälfte nach unten. – Im Anschluss daran faltet man die Serviette in der Mitte zusammen, stellt sie auf und stellt den Tannenbaum neben den Teller. – Anschließend verfährt man mit der anderen Seite umgekehrt und klappt die rechte obere Ecke zur Mitte nach unten.

Der zweifache Tannenbaum

Wir bereiten eine Vorgangsbeschreibung vor: Bastelanleitung

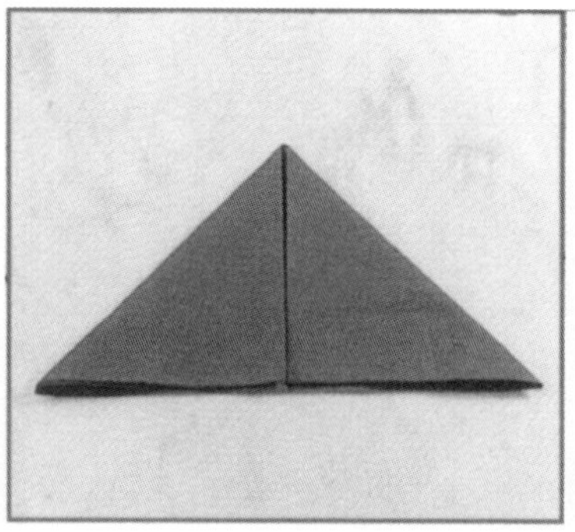
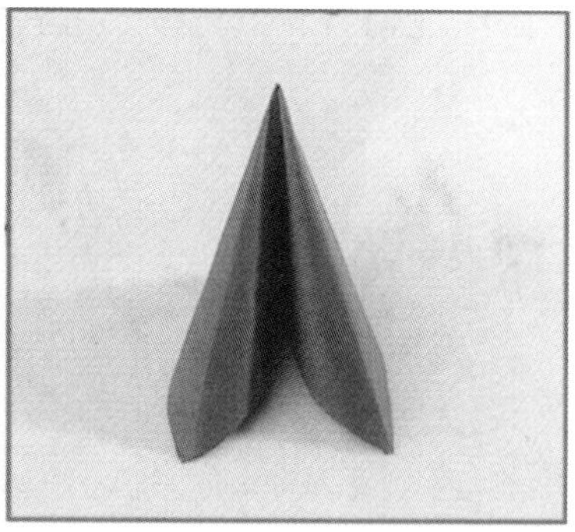

Bringe die Sätze in eine sinnvolle Reihenfolge! Achte auf Einleitung, Hauptteil und Schluss!

Der zweifache Tannenbaum

Nun klappt man die linke obere Ecke zur Mitte nach unten. – Auf diese Weise ist aus einer Serviette ein kleines Kunstwerk entstanden, das die Gäste zu schätzen wissen. – Eine einfache Art, Servietten zu falten, ist der „zweifache Tannenbaum". – Zuerst faltet man die Serviette zur Hälfte nach unten. – Im Anschluss daran faltet man die Serviette in der Mitte zusammen, stellt sie auf und stellt den Tannenbaum neben den Teller. – Anschließend verfährt man mit der anderen Seite umgekehrt und klappt die rechte obere Ecke zur Mitte nach unten.

Der zweifache Tannenbaum

Eine einfache Art, Servietten zu falten, ist der „zweifache Tannenbaum".
Zuerst faltet man die Serviette zur Hälfte nach unten. Nun klappt man die linke obere Ecke zur Mitte nach unten. Anschließend verfährt man mit der anderen Seite umgekehrt und klappt die rechte obere Ecke zur Mitte nach unten. Im Anschluss daran faltet man die Serviette in der Mitte zusammen, stellt sie auf und stellt den Tannenbaum neben den Teller.
Auf diese Weise ist aus einer Serviette ein kleines Kunstwerk entstanden, das die Gäste zu schätzen wissen.

Vorgangsbeschreibung – Achte auf die Satzanfänge!

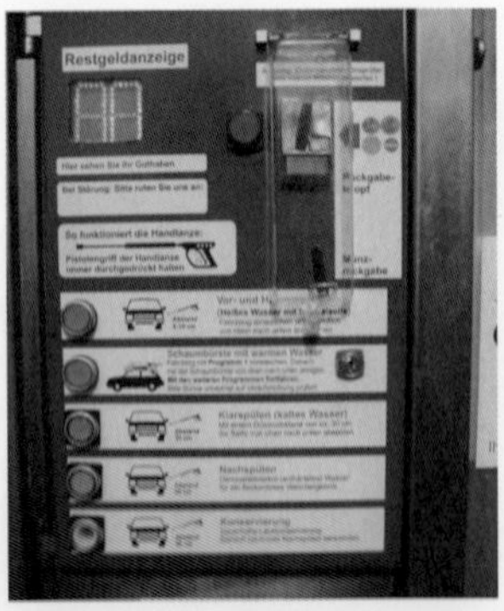

Ordne die Satzanfänge dem richtigen Ablauf einer Vorgangsbeschreibung zu!

Im Anschluss daran wählt man das Waschprogramm … Wenn man sein Auto waschen will … – Anschließend spritzt man das Auto mit klarem … – Nun wirft man eine Münze ein … – Zunächst fährt man mit dem Auto zu einer Waschanlage. … Zum Schluss wird der Schmutz im Inneren des Wagens … – Jetzt kann man mit der Vorwäsche beginnen … Daraufhin wird man mit heißem Wasser … – Zuletzt kann man den Wagen noch mit heißem Wachs …

Beginn	der eigentliche Vorgang	Schluss

Erstelle nun daraus eine kurze Vorgangsbeschreibung!

Vorgangsbeschreibung – Achte auf die Satzanfänge!

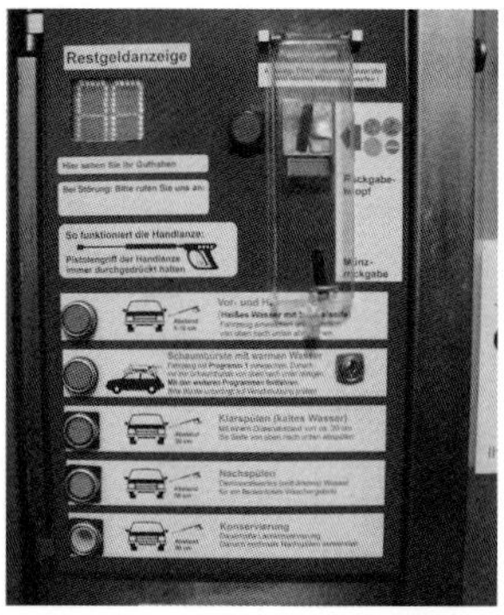

Ordne die Satzanfänge dem richtigen Ablauf einer Vorgangsbeschreibung zu!

Im Anschluss daran wählt man das Waschprogramm ... Wenn man sein Auto waschen will ... – Anschließend spritzt man das Auto mit klarem ... – Nun wirft man eine Münze ein ... – Zunächst fährt man mit dem Auto zu einer Waschanlage. ... Zum Schluss wird der Schmutz im Inneren des Wagens ... – Jetzt kann man mit der Vorwäsche beginnen ... Daraufhin wird man mit heißem Wasser ... – Zuletzt kann man den Wagen noch mit heißem Wachs ...

Beginn	der eigentliche Vorgang	Schluss
Wenn man	Zunächst fährt man mit dem Auto zu einer	Zum Schluss wird der
sein Auto	Waschanlage. Nun wirft man eine Münze	Schmutz im Inneren
waschen	ein ... Jetzt kann man mit der Vorwäsche	des Wagens ...
will ...	beginnen ... Daraufhin wird man mit heißem	
	Wasser ... Anschließend spritzt man das	
	Auto mit klarem ... Zuletzt kann man den	
	Wagen noch mit heißem Wachs ...	

Wenn man sein Auto waschen will, eignet sich eine Selbst-Wasch-Anlage dafür. Zunächst fährt man mit dem Auto zu einer Waschanlage. Nun wirft man eine Münze ein, um den Waschvorgang starten zu können. Jetzt kann man mit der Vorwäsche beginnen, indem man den gröbsten Schmutz entfernt. Daraufhin wird man mit heißem Wasser den eigentlichen Reinigungsvorgang einleiten. Anschließend spritzt man das Auto mit klarem Wasser ab. Zuletzt kann man den Wagen noch mit heißem Wachs besprühen. Zum Schluss wird der Schmutz im Inneren des Wagens mit einem Staubsauger beseitigt.

Verschiedene Beschreibungstechniken (1)

Wenn du etwas basteln möchtest und eine Anleitung dazu in einem Buch oder einem Bastelheft suchst, wirst du bemerken, dass solche Anleitungen meist aus kleinen Zeichnungen in Verbindung mit erklärenden Stichpunkten bestehen.
Der Grund ist ganz einfach: Wenn man den Vorgang abgebildet vor sich sieht und dazu die erklärenden Stichpunkte liest, kann man den Vorgang leichter nachvollziehen, als wenn nur ein Text zur Erklärung vorliegen würde.

Du findest hier eine solche Bastelanleitung, nach der du einen Papierflieger herstellen kannst. Du benötigst dazu lediglich ein Stück Papier im DIN-A4-Format.
Im Anschluss daran findest du die komplette Bastelanleitung.

- Falten – entfalten
- Ecken einschlagen
- Spitze umklappen
- Ecken noch einmal ...

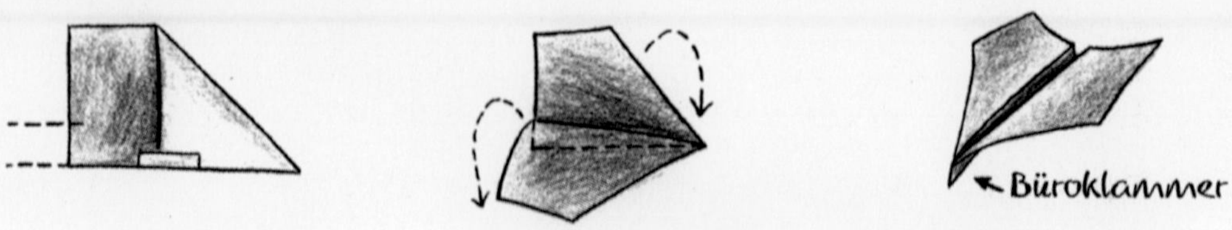

- ... zusammenklappen
- Flügel umknicken
- ... richtige Stelle ... ... Flugtest machen

Der schnelle Gleiter (Bastelanleitung)

Wenn man einen Papierflieger basteln will, muss man zunächst ein Blatt DIN-A4-Papier zur Hand nehmen.

Als Erstes faltet man das Papier entlang der Mitte der längeren Seite. Dann werden die Ecken nach innen eingeschlagen, sodass sie an der Mitte des Blattes aufeinandertreffen. Nun wird die Spitze nach unten umgeklappt. Anschließend werden die beiden Ecken noch einmal auf die gleiche Weise wie vorher eingeklappt. Als Nächstes faltet man das Papier in der Mitte zusammen; es entsteht die Grundform des Gleiters. Zum Schluss knickt man die Flügel, damit der Papierflieger beim Fliegen Auftrieb erhält. Nun kann man den Gleiter starten lassen.

Mit einer Büroklammer kann man, wenn nötig, den Schwerpunkt des Fliegers verlagern.

Verschiedene Beschreibungstechniken (2)

Die Bastelanleitung steht in der allgemeinen „Man-Form". Schreibe sie nun in der „Du-Form"!

Wenn du einen Gleiter basteln willst, ______________________________

Schreibe die Bastelanleitung nun in der „Sie-Form"!

Wenn Sie einen Gleiter basteln wollen, ______________________________

Verschiedene Beschreibungstechniken (2)

Die Bastelanleitung steht in der allgemeinen „Man-Form". Schreibe sie nun in der „Du-Form"!

Wenn du einen Papierflieger basteln willst, **musst du zunächst ein Blatt Papier zur Hand nehmen.**

Als Erstes faltest du das Papier entlang der Mitte der längeren Seite. Dann schlägst du die Ecken nach innen ein, sodass sie an der Mitte des Blattes aufeinandertreffen. Nun musst du die Spitze nach unten klappen. Anschließend musst du die beiden Ecken noch einmal auf die gleiche Weise wie vorher einklappen. Als Nächstes faltest du das Papier in der Mitte zusammen; es entsteht die Grundform des Gleiters.

Zum Schluss knickst du die Flügel, damit der Papierflieger beim Fliegen Auftrieb erhält. Nun kannst du den Gleiter starten lassen.

Mit einer Büroklammer kannst du, wenn nötig, den Schwerpunkt des Fliegers verlagern.

Schreibe die Bastelanleitung nun in der „Sie-Form"!

Wenn Sie einen Papierflieger basteln wollen, **müssen Sie zunächst ein Blatt Papier zur Hand nehmen.**

Als Erstes falten Sie das Papier entlang der Mitte der längeren Seite. Dann schlagen Sie die Ecken nach innen ein, sodass Sie an der Mitte des Blattes aufeinandertreffen. Nun müssen Sie die Spitze nach unten klappen. Anschließend müssen Sie die beiden Ecken noch einmal auf die gleiche Weise wie vorher einklappen. Als Nächstes falten Sie das Papier in der Mitte zusammen; es entsteht die Grundform des Gleiters. Zum Schluss knicken Sie die Flügel, damit der Papierflieger beim Fliegen Auftrieb erhält. Nun können Sie den Gleiter starten lassen.

Mit einer Büroklammer können Sie, wenn nötig, den Schwerpunkt des Fliegers verlagern.

Was bedeutet „Sachverhalte wiedergeben"?

Wenn wir „Sachverhalte wiedergeben", informieren wir den Leser über ein wichtiges Ereignis, das beispielsweise in der Schule stattgefunden hat. Dies kann in folgenden Formen geschehen:

- Nachrichten für das Schwarze Brett formulieren
- Unterrichtsergebnisse darstellen
- Projekte vorstellen.

Dabei ist es wichtig, sich vorher eingehend über die Sache zu informieren, auf sachliche Richtigkeit zu achten, Fachbegriffe zu klären, den Textaufbau und die Textgestaltung zu planen.
Besonders zu berücksichtigen ist – im Vergleich zu Vorgangsbeschreibungen und Berichten –, in angemessener Form zu schreiben, d. h. auf **Raumaufteilung, Hervorhebungen** und **Bebilderung** zu achten.

Stelle die Sätze richtig, und informiere den Leser über das Projekt „Frühjahrsputz im April"!

Jede Klasse kehrte mit mehreren vollen Müllsäcken zurück, die sich nach drei Stunden Frühjahrsputz auf dem Pausenhof türmten. – Der Abfallwirtschaftsverband (AWV) rief wieder zur großen Säuberung im Stadtgebiet auf, und die Ludwig-Auer-Hauptschule Donauwörth war auch heuer gerne bereit, sich an der Aktion „Der AWV räumt auf" zu beteiligen.
Ausgerüstet mit Handschuhen, Eimern und Müllsäcken starteten die fleißigen Sammler zum Saubermachen. – Rektor Werner Freißler bedankte sich bei allen Beteiligten für ihren Einsatz: – Nach getaner Arbeit wurden die fleißigen „Mülljäger" mit einer Brotzeit und einem Getränk belohnt. – Am 27. April krempelten die 120 Schüler der 5. und 6. Klassen zusammen mit ihren Lehrkräften die Ärmel hoch und säuberten das Gelände rund um das Schulzentrum, die Parkplätze und den Bereich um den Stauferpark. – Erstaunt waren die Kinder über die große Menge an Unrat. – „Unsere Schüler haben damit wieder bewiesen, dass sie auch gerne bereit sind, sich für die Gemeinschaft einzusetzen."

„Sachverhalte wiedergeben" – Musterlösung

Frühjahrsputz im April

Der Abfallwirtschaftsverband (AWV) rief wieder zur großen Säuberung im Stadtgebiet auf, und die Ludwig-Auer-Hauptschule Donauwörth war auch heuer gerne bereit, sich an der Aktion „Der AWV räumt auf" zu beteiligen.

Am 27. April krempelten die 120 Schüler der 5. und 6. Klassen zusammen mit ihren Lehrkräften die Ärmel hoch und säuberten das Gelände rund um das Schulzentrum, die Parkplätze und den Bereich um den Stauferpark.

Ausgerüstet mit Handschuhen, Eimern und Müllsäcken starteten die fleißigen Sammler zum Saubermachen. Jede Klasse kehrte mit mehreren vollen Müllsäcken zurück, die sich nach drei Stunden Frühjahrsputz auf dem Pausenhof türmten. Erstaunt waren die Kinder über die große Menge an Unrat. Nach getaner Arbeit wurden die fleißigen „Mülljäger" mit einer Brotzeit und einem Getränk belohnt.

Rektor Werner Freißler bedankte sich bei allen Beteiligten für ihren Einsatz: „Unsere Schüler haben damit wieder bewiesen, dass sie auch gerne bereit sind, sich für die Gemeinschaft einzusetzen."

Sachverhalte wiedergeben

Der folgende Text fasst das Ergebnis eines Projekts zusammen:

Sonnenkinder besuchen Ludwig-Auer-Hauptschule

Die Ludwig-Auer-Hauptschule durfte sich kürzlich über den Besuch der Sonnenkinder (Vorschulkinder) des städtischen Kindergartens freuen.
Ganz gespannt waren die Kleinen, als sie sich in der großen Aula versammelten, um dort von Schulleiter Werner Freißler begrüßt zu werden. Anschließend erlebten die Kinder mehrere Schulstunden aktiv mit. Beim Musikunterricht wurde gesungen, geklatscht, gepfiffen und verschiedene Instrumente ausprobiert. Auch beim Werkunterricht durften die Kinder ihre künstlerischen Talente einbringen, und am Computer konnten sie zeigen, wie gut sie mit diesem Medium zurechtkommen und welche Buchstaben und Farben sie schon kennen.
Danach hatten sich alle eine Pause verdient, die die Kinder im Schülercafé verbrachten und die „Großen" währenddessen im Freien beobachten konnten.
Besonders schön fanden es die Schüler, als sie mit den „Kleinen" durchs Haus gehen durften, um ihnen „ihre" Schule zu zeigen.
Ein lustiges Spiel in der Turnhalle rundete den gelungenen Vormittag ab, der für alle Beteiligten eine Bereicherung war. Kindern, Schülern, Lehrern und dem Kindergartenpersonal wird dieser Besuch bestimmt noch lange in Erinnerung bleiben.

Überlege nun, wie man dieses Projekt in der Schülerzeitung interessanter darstellen könnte. Die folgenden Überlegungen sollen dir helfen:

- Überschrift: Wie könnte sie lauten, um Aufmerksamkeit zu erregen?
- Hervorhebungen: Welche Textteile könnte man hervorheben? Warum? Wie?
- Bebilderung: Welche Bilder würdest du einbauen? An welchem Ort?
  Passend zu welchem Text?
- Textaufbau und Textgestaltung: Wie würdest du den Text aufbauen?
  Lassen sich Text und Bild kombinieren? Nach welchen Textteilen würdest du ein Bild einbauen?
  Kann man außer Bildern auch noch andere grafische Elemente einbauen? Schreibst du den Text mit der Hand oder arbeitest du mit dem Computer?

Entwirf zwei DIN-A4-Seiten für die Darstellung dieses Projekts! Bilder, die du einsetzen würdest, stellst du durch einen Rahmen dar, in den du schreibst, was auf dem Bild zu sehen sein sollte (z. B. die Kinder in der Aula ...).

Sprachbilder als Hilfe zur Textgestaltung

______________________ ______________________ ______________________

______________________ ______________________ ______________________

Welche Redewendungen kannst du erkennen? Was ist damit gemeint?

In unserer Sprache gibt es viele ____________________. Die Anwendung sprachlicher Bilder hilft oft, Texte ____________________ und ____________________ zu gestalten. Gerade bei Erzählungen oder bei der Wiedergabe von Sachverhalten (z. B. Darstellungen von Projekten in der Schule, Beitrag für die Schülerzeitung) sind sie überaus nützlich.

Hier sind einige Redewendungen aufgeführt, die auch im Schulleben oft verwendet werden können. Ordne den Redewendungen die jeweilige Bedeutung zu!

1 – jemanden auf die Schippe nehmen	____	– beginnen, etwas zu tun
2 – die Galle überlaufen	____	– Nachteile hinnehmen
3 – sich in Bewegung setzen	____	– herzhaft lachen
4 – mit einem blauen Auge davonkommen	____	– jemanden für etwas verantwortlich machen
5 – Federn lassen	____	– nichts wert sein
6 – Honig um den Mund schmieren	____	– jemanden verulken
7 – sich biegen vor Lachen	____	– nichts sagen
8 – die Lorbeeren ernten	____	– wütend werden
9 – aus dem Nähkästchen plaudern	____	– jemandem schmeicheln
10 – keinen Pfifferling wert sein	____	– Erfolg haben, gelobt werden
11 – jemanden zur Rechenschaft ziehen	____	– noch einigermaßen glimpflich davonkommen
12 – kein Sterbenswörtchen sagen	____	– jemandem etwas verraten

Sprachbilder als Hilfe zur Textgestaltung

Federn lassen	**Honig um den Mund schmieren**	**sich biegen vor lachen**

Welche Redewendungen kannst du erkennen? Was ist damit gemeint?

In unserer Sprache gibt es viele **Sprachbilder**. Die Anwendung sprachlicher Bilder hilft oft, Texte **treffender** und **lebendiger** zu gestalten. Gerade bei Erzählungen oder bei der Wiedergabe von Sachverhalten (z. B. Darstellungen von Projekten in der Schule, Beitrag für die Schülerzeitung) sind sie überaus nützlich.

Hier sind einige Redewendungen aufgeführt, die auch im Schulleben oft verwendet werden können. Ordne den Redewendungen die jeweilige Bedeutung zu!

1 – jemanden auf die Schippe nehmen	**3**	– beginnen, etwas zu tun
2 – die Galle überlaufen	**5**	– Nachteile hinnehmen
3 – sich in Bewegung setzen	**7**	– herzhaft lachen
4 – mit einem blauen Auge davonkommen	**11**	– jemanden für etwas verantwortlich machen
5 – Federn lassen	**10**	– nichts wert sein
6 – Honig um den Mund schmieren	**1**	– jemanden verulken
7 – sich biegen vor Lachen	**12**	– nichts sagen
8 – die Lorbeeren ernten	**2**	– wütend werden
9 – aus dem Nähkästchen plaudern	**6**	– jemandem schmeicheln
10 – keinen Pfifferling wert sein	**8**	– Erfolg haben, gelobt werden
11 – jemanden zur Rechenschaft ziehen	**4**	– noch einigermaßen glimpflich davonkommen
12 – kein Sterbenswörtchen sagen	**9**	– jemandem etwas verraten

Was ist ein Bericht?

Bus stürzte bei Unfall um: Drei Tote

Wien | dpa | Bei einem schweren Busunglück im österreichischen Bundesland Steiermark sind drei jugendliche Ungarn ums Leben gekommen. Nach Angaben der Polizei wurden drei weitere Reisende schwer und 21 leicht verletzt. Der Bus war mit 42 ungarischen Jugendlichen besetzt, die von einem internationalen Fußballspiel in Mailand (Italien) kamen.

Das Fahrzeug war nachts auf der Autobahn A2 bei Modriach in Richtung Wien von der Fahrbahn auf den Standstreifen geraten. Dort streifte es ein Verkehrszeichen, fuhr dann in die Betonleitplanke und kippte gegen eine Böschung. Für zwei junge Mädchen und einen Jungen kam jede Hilfe zu spät. Da keine Bremsspuren zu finden waren, hält die Polizei es für möglich, dass der Fahrer eingeschlafen war.

(Donauwörther Zeitung, 30.10.2007, S.10)

Solche Texte findest du in der ____________________. Sie berichten über ____________________, ____________________, ____________________. Mit einem Bericht will also der Schreiber die Leser über bestimmte Vorgänge ____________________. Der Leser soll durch den Bericht rasch und zuverlässig Kenntnis von einem Ereignis erhalten.

Mit einer Erzählung haben wir eine andere Absicht verfolgt. Wir haben den Leser in Spannung versetzt: er sollte ____________________ werden. Diese beiden Dinge müssen wir jetzt genau unterscheiden.

Kreuze an, welche Dinge einen Bericht kennzeichnen!

- ○ Information über ein Ereignis
- ○ knappe Darstellung eines Ereignisses
- ○ Darstellung von Gefühlen
- ○ Einbau von Sprachbildern
- ○ der Reihe nach berichten
- ○ sachliche Überschrift
- ○ wörtliche Rede
- ○ Spannungsaufbau
- ○ sachliche Information
- ○ Zeitstufe 1. Vergangenheit
- ○ spannende Überschrift
- ○ vermehrter Einsatz von Adjektiven

Allgemein gelten für den Bericht über ein Ereignis folgende Regeln:

1. Berichte nur über das Wesentliche in sachlicher und knapper Form!
2. Berichte der Reihe nach!
3. Bleibe immer bei der Wahrheit!
4. Zeitstufe: 1. Vergangenheit!

Was ist ein Bericht?

Bus stürzte bei Unfall um: Drei Tote

Wien | dpa | Bei einem schweren Busunglück im österreichischen Bundesland Steiermark sind drei jugendliche Ungarn ums Leben gekommen. Nach Angaben der Polizei wurden drei weitere Reisende schwer und 21 leicht verletzt. Der Bus war mit 42 ungarischen Jugendlichen besetzt, die von einem internationalen Fußballspiel in Mailand (Italien) kamen.

Das Fahrzeug war nachts auf der Autobahn A 2 bei Modriach in Richtung Wien von der Fahrbahn auf den Standstreifen geraten. Dort streifte es ein Verkehrszeichen, fuhr dann in die Betonleitplanke und kippte gegen eine Böschung. Für zwei junge Mädchen und einen Jungen kam jede Hilfe zu spät. Da keine Bremsspuren zu finden waren, hält die Polizei es für möglich, dass der Fahrer eingeschlafen war.

(Donauwörther Zeitung, 30. 10. 2007, S. 10)

Solche Texte findest du in der **Tageszeitung**. Sie berichten über **Sportereignisse**, **Vereinsfeste**, **Unfälle usw.**. Mit einem Bericht will also der Schreiber die Leser über bestimmte Vorgänge **informieren**. Der Leser soll durch den Bericht rasch und zuverlässig Kenntnis von einem Ereignis erhalten.

Mit einer Erzählung haben wir eine andere Absicht verfolgt. Wir haben den Leser in Spannung versetzt: er sollte **unterhalten** werden. Diese beiden Dinge müssen wir jetzt genau unterscheiden.

Kreuze an, welche Dinge einen Bericht kennzeichnen!

- ☒ Information über ein Ereignis
- ☒ knappe Darstellung eines Ereignisses
- ○ Darstellung von Gefühlen
- ○ Einbau von Sprachbildern
- ☒ der Reihe nach berichten
- ☒ sachliche Überschrift
- ○ wörtliche Rede
- ○ Spannungsaufbau
- ☒ sachliche Information
- ☒ Zeitstufe 1. Vergangenheit
- ○ spannende Überschrift
- ○ vermehrter Einsatz von Adjektiven

Allgemein gelten für den Bericht über ein Ereignis folgende Regeln:

1. Berichte nur über das Wesentliche in sachlicher und knapper Form!
2. Berichte der Reihe nach!
3. Bleibe immer bei der Wahrheit!
4. Zeitstufe: 1. Vergangenheit!

Merkmale eines Berichts

Ein Bericht informiert in knapper Form über ein bestimmtes Ereignis. Über folgende Ereignisse könntest du berichten: ______________________________

____

Wenn du einen solchen Bericht erstellst, musst du auf folgende Dinge achten:

1. Inhalt: Beantwortung der sogenannten „W-Fragen“:

Was? ______________________________

Wer? ______________________________

Wann? ______________________________

Wo? ______________________________

Wie? ______________________________

____

Welche Folgen? ______________________________

____

____

2. Sprache:

- Die Sprache des Berichts ist __________, __________, __________.
- Zeitstufe: ______________________________
- Keine ______________________________

3. Aufbau des Berichts:

Einleitung: Hier führst du kurz zu dem Geschehen hin. Antworten zu einigen ____________ sollten enthalten sein.

Hauptteil: Hier musst du den ____________________ schildern. Der Leser soll eine Antwort auf die Frage „____________________?" erhalten.

Schluss: Hier informierst du kurz über ____________________ ____________. Der Leser soll eine Antwort auf die Frage „____________ ____________________?" erhalten.

Überlege und begründe: Bei welchem dieser beiden Texte handelt es sich um einen Bericht, bei welchem um eine Erzählung?

Eifrige Wasserforscher im Stauferpark

Am vergangenen Donnerstag machten wir uns auf, die faszinierende Unterwasserwelt in unserem Biotop zu erforschen.
Bevor wir begannen, mahnte unser Lehrer: „Geht mit den Pflanzen und Tieren behutsam um; wir wollen sie erkunden, nicht zerstören!" Mit Keschern, Sieben und Plastikwannen ausgerüstet, machten wir uns danach im seichten Wasser auf die Suche nach versteckten Wasserlebewesen. Plötzlich stieß unsere Mitschülerin Sabrina einen gellenden Schrei aus. „Was ist denn los?", fragten wir besorgt.
Da sahen wir den Grund für ihr Entsetzen. Ein Frosch hatte sich plötzlich neben ihr bewegt, und das hatte ihr einen gehörigen Schrecken eingejagt.
Mit reichlich „Beute" kehrten wir zum Sammelplatz zurück und begutachteten die Wassertierchen und Pflanzen. Anschließend setzten wir die Wassertierchen wieder im Teich aus.
Mit dem Schlussgong ging dieser interessante Unterrichtsgang zu Ende.

Eine Erkundung im Stauferpark

Am vergangenen Donnerstag, den 4. Juli 2007, machten sich die Klassen 6a und 6b nach der großen Pause auf, um die Unterwasserwelt des Biotops am Stauferpark zu erforschen.
Bevor die Schüler begannen, wies sie ihr Lehrer auf den behutsamen Umgang mit Pflanzen und Tieren hin.
Mit Keschern, Sieben und Plastikwannen ausgerüstet, machten sich die Schüler danach im seichten Wasser auf die Suche nach versteckten Wasserlebewesen. Sie trugen verschiedene Gräser, Libellenlarven, Eintagesfliegen und Posthornschnecken zusammen und begutachteten sie gemeinsam. Anschließend setzten sie die Wassertierchen wieder in ihrer natürlichen Umgebung aus.
Nun konnten sich die Schüler ein Bild vom Leben in einem Biotop machen. Der Unterrichtsgang endete um 12.45 Uhr.

Merkmale eines Berichts

Ein Bericht informiert in knapper Form über ein bestimmtes Ereignis. Über folgende Ereignisse könntest du berichten: **Fahrradunfall, Sportfest, Schulfeier, Lesewettbewerb, Besuch der Stadtbücherei, Besuch eines Museums ...**

Wenn du einen solchen Bericht erstellst, musst du auf folgende Dinge achten:

1. Inhalt: Beantwortung der sogenannten „W-Fragen“:

Was?	**Ereignis (Unfall, Sportfest, Museumsbesuch ...)**
Wer?	**Beteiligte (Schüler, Freunde, Eltern, Lehrer ...)**
Wann?	**Datum**
Wo?	**Ort, Ziel (der Wanderung)**
Wie?	**Genaue Angaben über den Ablauf des Geschehens (Wie kam es zu dem Fahrradunfall? Warum bist du gestürzt? ...)**
Welche Folgen?	**Ergebnis, Erfolg, Verletzungen, Kosten ... (Was habt ihr durch den Museumsbesuch gelernt? Wie teuer war der Besuch? Welche Verletzungen hast du erlitten, als du vom Fahrrad gestürzt bist? ...)**

2. Sprache:

- Die Sprache des Berichts ist **sachlich**, **knapp**, **genau**.
- Zeitstufe: **1. Vergangenheit**
- Keine **persönlichen Meinungen und Gefühle!**

3. Aufbau des Berichts:

Einleitung: Hier führst du kurz zu dem Geschehen hin. Antworten zu einigen „W-Fragen" sollten enthalten sein.

Hauptteil: Hier musst du den Ablauf des Geschehens schildern. Der Leser soll eine Antwort auf die Frage „Wie konnte das geschehen?" erhalten.

Schluss: Hier informierst du kurz über Ergebnis, Folgen und Auswirkungen des Geschehens. Der Leser soll eine Antwort auf die Frage „Welche Folgen haben sich daraus ergeben?" erhalten.

Überlege und begründe: Bei welchem dieser beiden Texte handelt es sich um einen Bericht, bei welchem um eine Erzählung?

Eifrige Wasserforscher im Stauferpark

Am vergangenen Donnerstag machten wir uns auf, die faszinierende Unterwasserwelt in unserem Biotop zu erforschen.
Bevor wir begannen, mahnte unser Lehrer: „Geht mit den Pflanzen und Tieren behutsam um; wir wollen sie erkunden, nicht zerstören!" Mit Keschern, Sieben und Plastikwannen ausgerüstet, machten wir uns danach im seichten Wasser auf die Suche nach versteckten Wasserlebewesen. Plötzlich stieß unsere Mitschülerin Sabrina einen gellenden Schrei aus. „Was ist denn los?", fragten wir besorgt.
Da sahen wir den Grund für ihr Entsetzen. Ein Frosch hatte sich plötzlich neben ihr bewegt, und das hatte ihr einen gehörigen Schrecken eingejagt.
Mit reichlich „Beute" kehrten wir zum Sammelplatz zurück und begutachteten die Wassertierchen und Pflanzen. Anschließend setzten wir die Wassertierchen wieder im Teich aus.
Mit dem Schlussgong ging dieser interessante Unterrichtsgang zu Ende.

Eine Erkundung im Stauferpark

Am vergangenen Donnerstag, den 4. Juli 2007, machten sich die Klassen 6a und 6b nach der großen Pause auf, um die Unterwasserwelt des Biotops am Stauferpark zu erforschen.
Bevor die Schüler begannen, wies sie ihr Lehrer auf den behutsamen Umgang mit Pflanzen und Tieren hin. Mit Keschern, Sieben und Plastikwannen ausgerüstet, machten sich die Schüler danach im seichten Wasser auf die Suche nach versteckten Wasserlebewesen. Sie trugen verschiedene Gräser, Libellenlarven, Eintagesfliegen und Posthornschnecken zusammen und begutachteten sie gemeinsam. Anschließend setzten sie die Wassertierchen wieder in ihrer natürlichen Umgebung aus.
Nun konnten sich die Schüler ein Bild vom Leben in einem Biotop machen. Der Unterrichtsgang endete um 12.45 Uhr.

Von Geschehnissen berichten (1)

Marco hat stichpunktartig den Beginn seiner Ferien dargelegt. Fertige daraus einen Bericht an! Achte auf die Beantwortung der „W-Fragen“.
Wähle eine passende Überschrift aus: „Ein unangenehmer Ferienbeginn“,„Stau auf der Autobahn“ oder Ähnliches.
Gliedere den Bericht in Einleitung, Hauptteil und Schluss!

Sommerferien – Samstag – 1. Ferientag –
Eltern – Abfahrt um 4.00 Uhr –
Autobahn München/Salzburg – 3 Stunden –
Schwester – Unfall – zwei Wochen Urlaub –
20 km lang – Stau bereits eine Stunde später –
nur noch ein Fahrstreifen befahrbar –
verspätete Ankunft am Urlaubsort

Von Geschehnissen berichten (1)

Marco hat stichpunktartig den Beginn seiner Ferien dargelegt. Fertige daraus einen Bericht an! Achte auf die Beantwortung der „W-Fragen“.
Wähle eine passende Überschrift aus: „Ein unangenehmer Ferienbeginn“, „Stau auf der Autobahn“ oder Ähnliches.
Gliedere den Bericht in Einleitung, Hauptteil und Schluss!

Sommerferien – Samstag – 1. Ferientag –
Eltern – Abfahrt um 4.00 Uhr –
Autobahn München/Salzburg – 3 Stunden –
Schwester – Unfall – zwei Wochen Urlaub –
20 km lang – Stau bereits eine Stunde später –
nur noch ein Fahrstreifen befahrbar –
verspätete Ankunft am Urlaubsort

Stau auf der Autobahn

Gleich am ersten Tag der Sommerferien gerieten meine Familie und ich auf der Fahrt in den Urlaub in einen Stau.
Am Samstag, dem ersten Ferientag der Sommerferien, machten sich meine Eltern, meine Schwester und ich uns auf, zwei Wochen Ferien in Österreich zu verbringen. Um 4.00 Uhr starteten wir in den Urlaub.
Bereits eine Stunde später standen wir allerdings schon im Stau. Auf der Autobahn München/Salzburg hatte sich ein Unfall ereignet, und bald staute sich auf einer Strecke von 20 km der Verkehr. Ein PKW war auf einen anderen PKW aufgefahren, und es war nur noch ein Fahrstreifen befahrbar. Insgesamt steckten wir drei Stunden im Stau.
Aus diesem Grund kamen wir verspätet am Urlaubsort an.

Von Geschehnissen berichten (2)

Blut auf dem Eis

Gestern Nachmittag wurde ich Zeuge eines schlimmen Unfalls beim Schlittschuhlaufen. Mehrere Kinder sausten mit ihren Schlittschuhen über das Eis und versuchten, Freunde zu fangen. Dabei stürzte ein Junge mit dem Kopf auf das Eis. Aus einer tiefen Wunde strömte Blut auf die glitzernde Oberfläche. Seine Freunde riefen Erwachsenen zu: „Hilfe, Hilfe, unser Freund verblutet!" Mit dem Handy rief jemand den Notarzt, der dann kurz darauf bereits am Baggersee eintraf. Der Junge wurde versorgt und mit dem Krankenwagen ins nahe gelegene Krankenhaus gebracht. Wir dachten noch: „Hoffentlich geht es ihm bald wieder besser!" Er muss sicher noch einige Tage im Krankenhaus bleiben, ehe er wieder entlassen werden kann.

Formuliere die Erzählung in einen Bericht um. Streiche zunächst die Textstellen heraus, die nicht in einen Bericht gehören.
Achte auf die „W-Fragen": Was? Wer? Wann? Wo? Wie? Welche Folgen?

Von Geschehnissen berichten (2)

Blut auf dem Eis

Gestern Nachmittag wurde ich Zeuge eines schlimmen Unfalls beim Schlittschuhlaufen. Mehrere Kinder sausten mit ihren Schlittschuhen über das Eis und versuchten, Freunde zu fangen. Dabei stürzte ein Junge mit dem Kopf auf das Eis. Aus einer tiefen Wunde strömte Blut auf die glitzernde Oberfläche. Seine Freunde riefen Erwachsenen zu: „Hilfe, Hilfe, unser Freund verblutet!" Mit dem Handy rief jemand den Notarzt, der dann kurz darauf bereits am Baggersee eintraf. Der Junge wurde versorgt und mit dem Krankenwagen ins nahe gelegene Krankenhaus gebracht. Wir dachten noch: „Hoffentlich geht es ihm bald wieder besser!" Er muss sicher noch einige Tage im Krankenhaus bleiben, ehe er wieder entlassen werden kann.

Formuliere die Erzählung in einen Bericht um. Streiche zunächst die Textstellen heraus, die nicht in einen Bericht gehören.
Achte auf die „W-Fragen": Was? Wer? Wann? Wo? Wie? Welche Folgen?

Unfall am Baggersee

Am Mittwoch, den 13. Januar, ereignete sich am Baggersee Sorpe ein Unfall. Ein Kind stürzte nachmittags gegen 14.30 Uhr auf das Eis und schlug mit dem Kopf auf. Seine Freunde baten anwesende Erwachsene um Hilfe, die dann den Rettungsdienst verständigten. Zehn Minuten später traf der Notarzt ein und versorgte den Jungen. Anschließend wurde er in das Krankenhaus Neheim eingeliefert. Der Junge muss einige Tage zur Beobachtung im Krankenhaus bleiben.

Wortfelder helfen berichten (1)

Ein Wortfeld zu einem bestimmen Thema kann helfen, genauer über ein Geschehnis zu berichten. Suche dir jeweils 5 Wörter aus jedem Wortfeld aus, und erkläre sie.

Wortfeld „Fahrrad":

der Lenker – der Handgriff – die Fahrradglocke – die Handbremse – die Vorderradbremse – die Hinterradbremse – die Felgenbremse – der Scheinwerfer – der Dynamo – die Vordergabel – der Fahrradrahmen – der Kindersitz – die Nabe – die Speiche – die Felge – die Bereifung – der Luftdruck – der Schlauch – der Mantel – das Ventil – der Fahrradkippständer – die Kette – das Kettenschutzblech – das Pedal – der Gepäckträger – der Rückstrahler – die Fahrradpumpe

Wortfeld „Zirkus":

das Zirkuszelt – der Zeltmast – der Scheinwerfer – das Trapez – der Luftakrobat – der Artistenstand – die Strickleiter – die Musikertribüne – die Zirkuskapelle – der Manegeneingang – das Sprungnetz – der Zuschauerraum – die Zirkusloge – der Zirkusdirektor – die Manege (Reitbahn) – die Bande – der Clown – die Kunstreiter – die Pyramide – der Untermann – das Zirkuspferd – der Messerwerfer – die Seiltänzerin – das Drahtseil – die Balancierstange – der Akrobat – der Raubtierkäfig – der Laufgang (Raubtiergang) – der Dompteur – die Peitsche – der Springreifen – die Wippe – die Laufkugel – der Käfigwagen – die Tierschau

Wortfelder helfen berichten (2)

Ein Wortfeld zu einem bestimmen Thema kann helfen, genauer über ein Geschehnis zu berichten. Suche dir jeweils 5 Wörter aus jedem Wortfeld aus, und erkläre sie.

Wortfeld „Grundschule":

das Klassenzimmer – der Doppeltisch – die Tischaufstellung – das Übungsheft – der Bleistift – der Wachsmalstift – die Schultasche – der Tragegriff – das Federmäppchen – der Reißverschluss – der Füller – das Ringbuch – das Lesebuch – das Rechtschreibbuch – das Schreibheft – das Rechenheft – der Filzstift – das Melden – der Lehrer/die Lehrerin – das Klassenbuch – das Kreuz – die dreiflügelige Tafel – der Kartenhalter – die Kreide – die Tafelzeichnung – das Lineal – die Schwammschale – die Landkarte – der Werkraum – die Schere – der Kleber – die Laubsäge – der Hocker – der Fensterschmuck – die Anlauttabelle – die Kasperlefiguren – die Holzschnitzerei – die Malpinsel – die Knetmasse

Wortfeld „In der Bäckerei":

der Verkaufsraum – die Bäckerei – die Konditorei – die Verkäuferin – das Brot – das Mischbrot – das Vollkornbrot – der Stollen – das Baguette – die Backstube – die Sahnerolle – das Törtchen – das Brötchen – der Windbeutel – die Cremeschnitte – die Käsetorte – die Tortenplatte – die Schlagsahne – das Hörnchen – das Streuselgebäck – die Praline – die Brezel – der Obstkuchen – der Tortenboden – der Lebkuchen – das Schokoladencroissant – die Schnecke – der Amerikaner – der Hefezopf – der Backofen – der Krapfen – die Laugenstange – das Backblech – der Bäcker – der Auszubildende – die Nussecke – das Mandelhörnchen

Meinungen und Anliegen darlegen

Hier sind verschiedene Möglichkeiten dargestellt, wie man Meinungen und Anliegen darlegen kann. Wodurch unterscheiden sich diese Formen grundsätzlich voneinander?

Ordne nun diesen Formen mögliche Adressaten und Zwecke zu!

Mitteilungsform	Adressat	Zweck
Brief		
Karte		
E-Mail		
SMS		
Telefon/Handy		
Plakat		

Meinungen und Anliegen darlegen

Hier sind verschiedene Möglichkeiten dargestellt, wie man Meinungen und Anliegen darlegen kann. Wodurch unterscheiden sich diese Formen grundsätzlich voneinander?

Unterschied: Mündliche und schriftliche Formen!

Ordne nun diesen Formen mögliche Adressaten und Zwecke zu!

Mitteilungsform	Adressat	Zweck
Brief	Eltern Lehrer Bürgermeister Freund/Freundin	persönliche Bitte Information Erzählung Mitteilung/Nachricht
Karte	Eltern/Familie Bekannte Lehrer	Mitteilung/Nachricht Mitteilung/Nachricht Mitteilung/Nachricht
E-Mail	Freund/Freundin Geschäftspartner	kurze Mitteilung Mitteilung/Nachricht
SMS	Freund/Freundin	kurze Mitteilung
Telefon/Handy	Eltern/Familie Freund/Freundin	Mitteilung/Bitte Mitteilung/Bitte
Plakat	größere Gruppe	Bitte um Mitarbeit Hinweis unpersönliche Aufforderung

Wie schreibt man einen Brief?

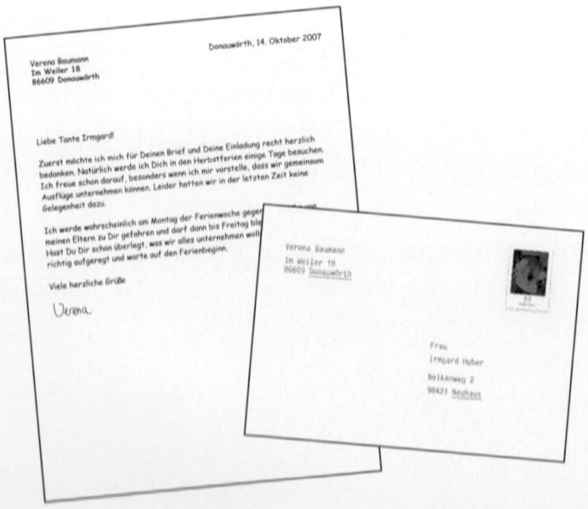
Verena Baumann
Im Weiler 18
86609 Donauwörth

Donauwörth, 14. Oktober 2007

Liebe Tante Irmgard!

Zuerst möchte ich mich für Deinen Brief und Deine Einladung recht herzlich bedanken. Natürlich werde ich Dich in den Herbstferien einige Tage besuchen. Ich freue schon darauf, besonders wenn ich mir vorstelle, dass wir gemeinsam Ausflüge unternehmen können. Leider hatten wir in der letzten Zeit keine Gelegenheit dazu.

Ich werde wahrscheinlich am Montag der Ferienwoche gegen
meinen Eltern zu Dir gefahren und darf dann bis Freitag ble
Hast Du Dir schon überlegt, was wir alles unternehmen woll
richtig aufgeregt und warte auf den Ferienbeginn.

Viele herzliche Grüße

Verena

Verena Baumann
Im Weiler 18
86609 Donauwörth

Frau
Irmgard Huber
Nelkenweg 2
98421 Neuhaus

Wenn du jemandem einen Brief schreiben willst, musst du überlegen, wie du denjenigen, der den Brief erhält, anredest. Welche Höflichkeitsformel ist angebracht?
Ansonsten kann es schon sein, dass dein „Briefpartner" nicht gut auf dich zu sprechen ist – und dies ist wohl nicht deine Absicht!
Es macht einen großen Unterschied, ob du jemandem schreibst, mit dem du „per du" bist, oder jemandem, mit dem du „per Sie" brieflich verkehren solltest!

1. Briefkopf:

Oben links stehen gewöhnlich dein Name und deine Adresse. Rechts daneben solltest du Ort und Datum angeben.

2. Anrede:

- Du schreibst an deine Freundin Elke: ______________________________
- Du schreibst an deine ehemalige Lehrerin in der Grundschule:

  ____
- Du schreibst an den Bürgermeister deiner Gemeinde:

  ____

3. Inhalt:

Du schreibst das, was du den Personen schreiben willst, in einer ______________________________

Form. Bei Personen, mit denen du „per Sie" bist, werden die Anredepronomen

„Sie", „Ihr", „Ihre, „Ihnen" __________ geschrieben.

4. Schlussformel:

- Bei deiner Freundin Elke: ______________________________
- Bei deiner ehemaligen Lehrerin: ______________________________
- Beim Bürgermeister: ______________________________

Wie schreibt man einen Brief?

Wenn du jemandem einen Brief schreiben willst, musst du überlegen, wie du denjenigen, der den Brief erhält, anredest. Welche Höflichkeitsformel ist angebracht?
Ansonsten kann es schon sein, dass dein „Briefpartner" nicht gut auf dich zu sprechen ist – und dies ist wohl nicht deine Absicht!
Es macht einen großen Unterschied, ob du jemandem schreibst, mit dem du „per Du" bist oder jemandem, mit dem du „per Sie" brieflich verkehren solltest!

1. Briefkopf:

Oben links stehen gewöhnlich dein Name und deine Adresse. Rechts daneben solltest du Ort und Datum angeben.

2. Anrede:

- Du schreibst an deine Freundin Elke: **Liebe Elke,**
- Du schreibst an deine ehemalige Lehrerin in der Grundschule:

  Sehr geehrte Frau Müller, Liebe Frau Müller,
- Du schreibst an den Bürgermeister deiner Gemeinde:

  Sehr geehrter Herr Malz,

3. Inhalt:

Du schreibst das, was du den Personen schreiben willst, in einer **angemessenen** Form. Bei Personen, mit denen du „per Sie" bist, werden die Anredepronomen „Sie", „Ihr", „Ihre, „Ihnen" **groß** geschrieben.

4. Schlussformel:

- Bei deiner Freundin Elke: **Liebe Grüße** oder **Schreib mal wieder**
- Bei deiner ehemaligen Lehrerin: **Viele Grüße, Herzliche Grüße**
- Beim Bürgermeister: **Mit freundlichen Grüßen**

Wie schreibt man einen Brief? – Musterlösung

Anfrage an eine Jugendherberge

Die Klasse 5d möchte Ende des Schuljahres einige Tage in einer Jugendherberge verbringen. Zu diesem Zweck hat die Lehrerin bereits einige Prospekte in die Klasse mitgebracht. Nach einer ausgiebigen Diskussion steht nun das Reiseziel fest: Die Klasse will fünf Tage in der Jugendherberge verbringen, die von der Familie Reuter geführt wird. Die Klasse schreibt folgenden Brief:

Klasse 5d
Thomas-Mann-Schule
Thomas-Mann-Str. 14
23564 Lübeck

Lübeck, 12. Okt. 2008

Sehr geehrte Familie Reuter,

für den Mai/Juni 2009 planen wir mit unserer Lehrerin einen 5-tägigen Aufenthalt in Ihrer Jugendherberge.
Wir sind 27 Schüler und besuchen derzeit die 5. Klasse der Thomas-Mann-Schule in Lübeck.
Es wäre schön, wenn Sie in dem genannten Zeitraum einen Termin frei hätten und uns diesen baldmöglichst mitteilen können.
Wir freuen uns auf Ihre Antwort.

Mit freundlichen Grüßen

Ihre Klasse 5d

Thomas-Mann-Schule
Klasse 5d
Thomas-Mann-Str. 14
23564 Lübeck

Jugendherberge Glött
Familie Reuter
Bergstr. 4

89804 Glött

Texte verändern (1) – Texte in Ich-Form umschreiben

Schulschluss

Kurz vor Ende des Unterrichts gibt der Lehrer die Hausaufgabe bekannt. Die Schüler schreiben diese in ihr Aufgabenheft, damit sie nicht vergessen wird. Anschließend packen die Schüler ihre Mäppchen, Bücher und Hefte zusammen und stecken sie in ihre Schultasche. Der Klassensprecher verabschiedet den Lehrer, und die Schüler verlassen das Klassenzimmer. Sie gehen zügig durch die Aula, um den Bus, der fünf Minuten nach Schulschluss abfährt, nicht zu verpassen. Die Busse fahren in verschiedene Richtungen, und die Schüler steigen schnell in „ihren" Bus ein. Sie suchen sich einen Platz, um neben ihren Freunden sitzen zu können. Die Schüler, die nicht mit dem Bus gekommen sind, gehen zu Fuß nach Hause oder fahren mit dem Rad. Nach einer Viertelstunde kommen die Schüler an ihrem Ziel an.

Schreibe den Text um. Setze ihn in die „Ich-Form". Beschreibe, wie du diesen Schulschluss erlebst! Du fährst mit dem Bus. Beginne so:

Kurz vor Ende des Unterrichts gibt der Lehrer die Hausaufgabe bekannt. Ich schreibe sie ____________

Texte verändern (1) – Texte in Ich-Form umschreiben

Schulschluss

Kurz vor Ende des Unterrichts gibt der Lehrer die Hausaufgabe bekannt. Die Schüler schreiben diese in ihr Aufgabenheft, damit sie nicht vergessen wird. Anschließend packen die Schüler ihre Mäppchen, Bücher und Hefte zusammen und stecken sie in ihre Schultasche. Der Klassensprecher verabschiedet den Lehrer, und die Schüler verlassen das Klassenzimmer. Sie gehen zügig durch die Aula, um den Bus, der fünf Minuten nach Schulschluss abfährt, nicht zu verpassen. Die Busse fahren in verschiedene Richtungen, und die Schüler steigen schnell in „ihren" Bus ein. Sie suchen sich einen Platz, um neben ihren Freunden sitzen zu können. Die Schüler, die nicht mit dem Bus gekommen sind, gehen zu Fuß nach Hause oder fahren mit dem Rad. Nach einer Viertelstunde kommen die Schüler an ihrem Ziel an.

Schreibe den Text um. Setze ihn in die „Ich-Form". Beschreibe, wie du diesen Schulschluss erlebst! Du fährst mit dem Bus. Beginne so:

Kurz vor Ende des Unterrichts gibt der Lehrer die Hausaufgabe bekannt. Ich schreibe sie **in mein Aufgabenheft, damit ich sie nicht vergesse. Anschließend packe ich mein Mäppchen, Bücher und Hefte zusammen und stecke sie in meine Schultasche. Der Klassensprecher verabschiedet den Lehrer, und ich verlasse das Klassenzimmer. Ich gehe zügig durch die Aula, um den Bus, der fünf Minuten nach Schulschluss abfährt, nicht zu verpassen. Die Busse fahren in verschiedene Richtungen, und wir steigen schnell in „unseren" Bus ein. Ich suche einen Platz, um neben meinen Freunden sitzen zu können. Die Schüler, die nicht mit dem Bus gekommen sind, gehen zu Fuß nach Hause oder fahren mit dem Rad. Nach einer Viertelstunde komme ich an meinem Ziel an.**

Texte verändern (2) – Eine Beschreibung ins Gegenteil setzen

Sommer am Badesee

Der See glänzt in der warmen Sommersonne. Viele Menschen suchen hier bei den hochsommerlichen Temperaturen Erfrischung und schwimmen im See. Vereinzelt sind auch Schlauchboote und Luftmatratzen zu sehen, auf denen sich Kinder und Jugendliche treiben lassen. Auf der Wiese rund um den See liegen die Menschen in der Sonne, lassen sich bräunen oder spielen Fußball, Volleyball oder Badminton. Am nahe gelegenen Grillplatz herrscht Hochbetrieb. Ein leichter, warmer Wind sorgt für etwas Abkühlung. Die Menschen sind leicht gekleidet; kurze Hemden, kurze Hosen und luftige Sandalen bestimmen das Bild. Viele Kinder sind mit dem Fahrrad an den See gekommen. Sie können noch lange bleiben. Erst gegen 21.00 Uhr wird es am Badesee allmählich dunkel.

Schreibe den Text um. Wie sieht der See im Winter aus? Formuliere nun diese „Sommergedanken" in „Wintergedanken" um! Beginne so:

Winter am Badesee

Der See glänzt in der kalten Wintersonne. ________________________________

____

____

____

____

____

____

____

____

Texte verändern (2) – Eine Beschreibung ins Gegenteil setzen

Sommer am Badesee

Der See glänzt in der warmen Sommersonne. Viele Menschen suchen hier bei den hochsommerlichen Temperaturen Erfrischung und schwimmen im See. Vereinzelt sind auch Schlauchboote und Luftmatratzen zu sehen, auf denen sich Kinder und Jugendliche treiben lassen. Auf der Wiese rund um den See liegen die Menschen in der Sonne, lassen sich bräunen oder spielen Fußball, Volleyball oder Badminton. Am nahe gelegenen Grillplatz herrscht Hochbetrieb. Ein leichter, warmer Wind sorgt für etwas Abkühlung. Die Menschen sind leicht gekleidet; kurze Hemden, kurze Hosen und luftige Sandalen bestimmen das Bild. Viele Kinder sind mit dem Fahrrad an den See gekommen. Sie können noch lange bleiben. Erst gegen 21.00 Uhr wird es am Badesee allmählich dunkel.

Schreibe den Text um. Wie sieht der See im Winter aus? Formuliere nun diese „Sommergedanken" in „Wintergedanken" um! Beginne so:

Winter am Badesee

Der See glänzt in der kalten Wintersonne. **Viele Menschen laufen auf dem zugefrorenen See Schlittschuh oder gehen auf dem Eis spazieren. Eine Gruppe Jugendlicher spielt Eishockey. Vereinzelt werden kleine Kinder von ihren Eltern übers Eis gezogen. Die Wiese rund um den See ist gefroren, eine leichte Schneedecke zeigt Spuren von Schlitten und Fahrrädern. Am nahe gelegenen Grillplatz herrscht gähnende Leere. Ein eisiger Wind weht den Menschen ins Gesicht. Die Menschen sind dick verpackt, um der Kälte zu trotzen. Mäntel, Handschuhe und Mützen bestimmen das Bild. Viele kleine Kinder sind mit einem Schlitten an den See gekommen. Sie können aber nicht lange bleiben. Schon gegen 16.30 Uhr wird es am Badesee allmählich dunkel.**

Texte verändern (3) – Ein Märchen zu Ende erzählen

In einem Dorfe in der Bretagne lebte einst ein herzensguter junger Mensch namens Korentin. Die Natur hatte ihn recht stiefmütterlich behandelt, denn er trug einen großen Buckel durchs Leben. Aber jedermann mochte ihn gern, denn er war immer fröhlich und unbekümmert, außerdem verstand er es ganz wunderbar, mit seiner Geige zum Tanz aufzuspielen.

Als er einst, das Instrument unter dem Arme, von einer Hochzeit heimkehrte, führte ihn der Weg durch die einsame Heide, wo die Korrigans, die bretonischen Wichtelmänner, wohnen. Es war gerade Mitternacht, da sah er plötzlich eine Menge von kleinen Geistern vor sich stehen. Sie umringten ihn und riefen fröhlich: „Du musst uns mit deiner Fiedel zum Tanze aufspielen. Machst du es gut, so sollst du belohnt werden!"

Korentin tat ihnen gern den Gefallen und spielte die ganze Nacht hindurch, während die Zwerglein in fröhlichem Gewimmel um ihn herumtanzten. Erst als der Morgen graute, hörten sie auf.

Schreibe das Märchen zu Ende (nimm ruhig noch ein leeres Blatt dazu). Überlege:

- Der Satz: „Machst du es gut, so sollst du …" wird die Geschichte weiterführen!
- Was könntest du dir dabei vorstellen?
- Wenn der Wunsch umgehend in Erfüllung ginge, wäre das Märchen zwar richtig zu Ende geführt, aber doch recht knapp!

Texte verändern (3) – Ein Märchen zu Ende erzählen

In einem Dorfe in der Bretagne lebte einst ein herzensguter junger Mensch namens Korentin. Die Natur hatte ihn recht stiefmütterlich behandelt, denn er trug einen großen Buckel durchs Leben. Aber jedermann mochte ihn gern, denn er war immer fröhlich und unbekümmert, und außerdem verstand er es ganz wunderbar, mit seiner Geige zum Tanz aufzuspielen.

Als er einst, das Instrument unter dem Arme, von einer Hochzeit heimkehrte, führte ihn der Weg durch die einsame Heide, wo die Korrigans, die bretonischen Wichtelmänner, wohnen. Es war gerade Mitternacht, da sah er plötzlich eine Menge von kleinen Geistern vor sich stehen. Sie umringten ihn und riefen fröhlich: „Du musst uns mit deiner Fiedel zum Tanze aufspielen. Machst du es gut, so sollst du belohnt werden!"

Korentin tat ihnen gern den Gefallen und spielte die ganze Nacht hindurch, während die Zwerglein in fröhlichem Gewimmel um ihn herumtanzten. Erst als der Morgen graute, hörten sie auf.

Schreibe das Märchen zu Ende (nimm ruhig noch ein leeres Blatt dazu). Überlege:

- Der Satz: „Machst du es gut, so sollst du …" wird die Geschichte weiterführen!
- Was könntest du dir dabei vorstellen?
- Wenn der Wunsch umgehend in Erfüllung ginge, wäre das Märchen zwar richtig zu Ende geführt, aber doch recht knapp!

„Was willst du als Belohnung?", fragten sie ihn, „Geld oder Schönheit?" „Ich will kein Geld", sagte der Geiger, „aber wenn ihr mich von meinem Buckel befreien würdet, wäre ich der glücklichste Mensch unter Gottes Sonne."

Ehe Korentin sich's versah, kletterte einer der Korrigans an ihm empor, klopfte ihm auf den Rücken – der Buckel war verschwunden! Überglücklich kehrte Korentin heim. Vor seinem Haus traf er seinen Nachbarn, den Schuster. „Nanu", rief dieser, „wo hast du denn deinen Buckel gelassen? Ich glaube fast du hast deine Seele dem Teufel verschrieben!" „Nein, nein", versetzte Korentin, „hör mir zu!" Und dann erzählte er sein seltsames Abenteuer.

Der Schuster war bekannt wegen seiner Geldgier. „Wie kann man nur so dumm sein, das Geld auszuschlagen", rief er. „Ich werde klüger sein!" In der nächsten Nacht ging er mit seiner Geige auf die Heide. Wirklich erschienen die Korrigans und baten ihn zu spielen. Er spielte die ganze Nacht hindurch.

„Du kannst wählen", sagten sie dann, „willst du Geld oder Schönheit?" Der Schuster fürchtete, seine Habsucht allzu sehr zu verraten, wenn er den Wunsch zu deutlich ausspräche. Deshalb sagte er bescheiden: „Gebt mir, was mein Nachbar Korentin nicht haben wollte!"

Die Zwerge erfüllten seinen Wunsch aufs Wort. Als der Schuster seinem Dorf zustrebte, trug er auf dem Rücken – einen Buckel.

Was versteht man unter einer „Fabel"?

Das Pferd und der Esel

Ein Bauer trieb ein Pferd und einen Esel, beide gleichmäßig beladen, zu Markte. Als sie schon eine gute Strecke vorwärts gegangen waren, fühlte der Esel seine Kräfte abnehmen. „Ach", bat er das Pferd kläglich, „du bist viel größer und stärker als ich, und doch hast du nicht schwerer zu tragen, nimm mir einen Teil meiner Last ab, sonst sterbe ich."
Hartherzig schlug ihm das Pferd seine Bitte ab: „Ich habe selbst meinen Teil und daran genug zu tragen." Keuchend schleppte sich der Esel weiter, bis er endlich erschöpft zu Boden stürzte.
Vergeblich hieb der Herr auf ihn ein, er war tot. Es blieb nun nichts weiter übrig, als die ganze Last des Esels dem Pferde aufzupacken, und um doch etwas von dem Esel zu retten, zog ihm der Besitzer das Fell ab und legte auch dieses noch dem Pferde oben auf.
Zu spät bereute dieses seine Hartherzigkeit. „Mit leichter Mühe", so klagte es, „hätte ich dem Esel einen kleinen Teil seiner Last abnehmen und ihn vom Tode retten können. Jetzt muss ich seine ganz Last und dazu noch seine Haut tragen."
Hilf zeitig, wo du helfen kannst. Hilf dem Nachbarn löschen, ehe das Feuer auch dein Dach ergreift!

Welche Kennzeichen einer Fabel findest du? Erläutere sie anhand des Beispiels!

Merkmale einer Fabel:

1. Eine Fabel ist eine kurze ____________________. Im Mittelpunkt der Handlung stehen meist ____________________.
2. Sie verkörpern menschliche ____________________, die der Leser erkennen soll (z. B. ____ ...).
3. Die Tiere handeln, denken, sprechen wie ____.
4. Am Ende kommt es zu einer überraschenden ____.
5. Der Dichter formuliert zum Schluss meist eine ____________________, die der Leser beherzigen soll.

Bekannte Fabeln und ihre Dichter:

____

____

____

____

____

____

____

Was versteht man unter einer „Fabel"?

Das Pferd und der Esel

Ein Bauer trieb ein Pferd und einen Esel, beide gleichmäßig beladen, zu Markte. Als sie schon eine gute Strecke vorwärts gegangen waren, fühlte der Esel seine Kräfte abnehmen. „Ach", bat er das Pferd kläglich, „du bist viel größer und stärker als ich, und doch hast du nicht schwerer zu tragen, nimm mir einen Teil meiner Last ab, sonst sterbe ich."
Hartherzig schlug ihm das Pferd seine Bitte ab: „Ich habe selbst meinen Teil und daran genug zu tragen." Keuchend schleppte sich der Esel weiter, bis er endlich erschöpft zu Boden stürzte.
Vergeblich hieb der Herr auf ihn ein, er war tot. Es blieb nun nichts weiter übrig, als die ganze Last des Esels dem Pferde aufzupacken, und um doch etwas von dem Esel zu retten, zog ihm der Besitzer das Fell ab und legte auch dieses noch dem Pferde oben auf.
Zu spät bereute dieses seine Hartherzigkeit. „Mit leichter Mühe", so klagte es, „hätte ich dem Esel einen kleinen Teil seiner Last abnehmen und ihn vom Tode retten können. Jetzt muss ich seine ganz Last und dazu noch seine Haut tragen."
Hilf zeitig, wo du helfen kannst. Hilf dem Nachbarn löschen, ehe das Feuer auch dein Dach ergreift!

Welche Kennzeichen einer Fabel findest du? Erläutere sie anhand des Beispiels!

Merkmale einer Fabel:

1. Eine Fabel ist eine kurze **Erzählung**. Im Mittelpunkt der Handlung stehen meist **Tiere**.
2. Sie verkörpern menschliche **Eigenschaften**, die der Leser erkennen soll (z. B. **Neid, Geiz, Dummheit, Klugheit, Faulheit** ...).
3. Die Tiere handeln, denken, sprechen wie **Menschen**.
4. Am Ende kommt es zu einer überraschenden **Wendung (Pointe)**.
5. Der Dichter formuliert zum Schluss meist eine **Lehre**, die der Leser beherzigen soll.

Bekannte Fabeln und ihre Dichter:

„Der alte Löwe und der Fuchs" (Äsop)

„Neidlose Freundschaft" (Gotthold Ephraim Lessing)

„Bewaffneter Friede" (Wilhelm Busch)

„Der propre Ganter" (James Thurber)

Was versteht man unter einer „Fabel"?

Folgende Tiere kommen in Fabeln immer wieder vor. Beschreibe ihre Eigenschaften! Einige Tiere haben in der Fabel noch „besondere" Namen. Kennst du einige? Unterstreiche die Tiere, die in Fabeln sehr häufig vorkommen!

Tier	**Charakter**	**„besonderer" Tiername**
Storch		
Gans		
Igel		
Kaninchen		
Widder		
Biber		
Esel		
Bär		
Fuchs		
Wolf		
Dachs		
Hahn		
Katze		
Hund		
Hase		
Ziege		
Löwe		
Rabe		
Ente		

Was versteht man unter einer „Fabel"?

Folgende Tiere kommen in Fabeln immer wieder vor. Beschreibe ihre Eigenschaften! Einige Tiere haben in der Fabel noch „besondere" Namen. Kennst du einige? Unterstreiche die Tiere, die in Fabeln sehr häufig vorkommen!

Tier	Charakter	„besonderer" Tiername
Storch	stolz	Adebar
Gans	geschwätzig	
Igel	in sich vertieft, schlau	
Kaninchen	vorlaut, frech	
Widder	ängstlich; schwach, aber klug	
Biber	arbeitswütig	
Esel	störrisch, faul	
Bär	gutmütig	Meister Petz
Fuchs	schlau, hinterlistig	Reineke
Wolf	böse	Isegrimm
Dachs	bedächtig, ruhig	
Hahn	eitel und schlau	
Katze	eigenwillig	
Hund	treu und gutherzig	
Hase	vorlaut und ängstlich	Meister Lampe
Ziege	meckernd	
Löwe	stolz, mächtig, gefährlich	
Rabe	eitel und dumm, diebisch	
Ente	dumm	

Was versteht man unter einem „Märchen"? (1)

Der Bauer und der Teufel

Es war einmal ein kluges und verschmitztes Bäuerlein, von dessen Streichen viel zu erzählen wäre. Die schönste Geschichte ist aber doch, wie er den Teufel einmal drangekriegt und zum Narren gehabt hat.
Das Bäuerlein hatte eines Tages seinen Acker bestellt und rüstete sich zur Heimfahrt, als die Dämmerung schon eingetreten war. Da erblickte er mitten auf seinem Acker einen Haufen feuriger Kohlen, und als er voll Verwunderung hinzuging, so saß oben auf der Glut ein kleiner schwarzer Teufel. „Du sitzest wohl auf einem Schatz", sprach das Bäuerlein. „Jawohl", antwortete der Teufel, „auf einem Schatz, der mehr Gold und Silber enthält, als du dein Lebtag gesehen hast." „Der Schatz liegt auf meinem Feld und gehört mir", sprach das Bäuerlein.
„Er ist dein", antwortete der Teufel, „wenn du mir zwei Jahre lang die Hälfte von dem gibst, was dein Acker hervorbringt: Geld habe ich genug, aber ich trage Verlangen nach den Früchten der Erde." Das Bäuerlein ging auf den Handel ein. „Damit aber kein Streit bei der Teilung entsteht", sprach es, „so soll dir gehören, was über der Erde ist, und mir, was unter der Erde ist."
Dem Teufel gefiel das wohl, aber das listige Bäuerlein hatte Rüben gesät. Als nun die Zeit der Ernte kam, so erschien der Teufel und sollte sein Recht holen, er fand aber nichts als die gelben, welken Blätter, und das Bäuerlein, ganz vergnügt, grub seine Rüben aus.
„Einmal hast du den Vorteil gehabt", sprach der Teufel, „aber für das nächste Mal soll das nicht gelten. Dein ist, was über der Erde wächst, und mein, was darunter ist".
„Mir auch recht", antwortete das Bäuerlein. Als aber die Zeit zur Aussaat kam, säte das Bäuerlein nicht wieder Rüben, sondern Weizen. Die Frucht ward reif, das Bäuerlein ging auf den Acker und schnitt die vollen Halme bis zur Erde ab. Als der Teufel kam, fand er nichts als die Stoppeln und fuhr wütend in eine Felsenschlucht hinab.
„So muss man die Füchse prellen", sprach das Bäuerlein und holte sich den Schatz.

Welche Kennzeichen eines Märchens findest du? Erläutere anhand des Beispiels!

Was versteht man unter einem „Märchen"? (2)

Merkmale eines Märchens:

1. Ein Märchen ist eine kurze oder etwas längere ______________. Dabei handelt es sich um eine Geschichte, in der Tiere ______________ können, Hexen, Feen und Zauberer ______________ erfüllen.
2. Im Märchen findet man immer Gegensätze (arm und ______________, gut und ______________)
3. Im Märchen tauchen immer wieder besondere sprachliche Wendungen auf:

   Beginn: ____ …

   Mittelteil: ____________________ …, … ____________________ …

   Ende: ____

4. Ein Märchen beinhaltet typische Figuren: ____

   ____ …

Ordne den folgenden Personen die passende Eigenschaft zu:

böse – hinterlistig – gut – schön – arm – reich – hartherzig – böse – listig – jung – mächtig – arm

Hexe:	____________	Mann:	____________	Tochter:	____________
König:	____________	Stiefmutter:	____________	Teufel:	____________
Zwerg:	____________	Fee:	____________	Zauberer:	____________
Bettler:	____________	Prinz:	____________	Drache:	____________

5. Am Ende siegt das ______________.

Was versteht man unter einem „Märchen"? (2)

Merkmale eines Märchens:

1. Ein Märchen ist eine kurze oder etwas längere **Erzählung**. Dabei handelt es sich um eine Geschichte, in der Tiere **sprechen** können, Hexen, Feen und Zauberer **Wünsche** erfüllen.
2. Im Märchen findet man immer Gegensätze (arm und **reich**, gut und **böse**)
3. Im Märchen tauchen immer wieder besondere sprachliche Wendungen auf:

   Beginn: **Es war einmal** ...

   Mittelteil: **Vor langer Zeit lebte** ..., ... **nahm er sie zur Frau** ...

   Ende: **Und wenn sie nicht gestorben sind, dann leben sie noch heute.**
4. Ein Märchen beinhaltet typische Figuren: **König, Bettler, Prinz, Königin, Zwerg, Fee, Zauberer, Teufel, Stiefmutter** ...

Ordne den folgenden Personen die passende Eigenschaft zu:

böse – hinterlistig – gut – schön – arm – reich – hartherzig – böse – listig – jung – mächtig – arm

Hexe:	**böse**	Mann:	**arm**	Tochter:	**schön**
König:	**reich**	Stiefmutter:	**hartherzig**	Teufel:	**hinterlistig**
Zwerg:	**listig**	Fee:	**gut**	Zauberer:	**mächtig**
Bettler:	**arm**	Prinz:	**jung**	Drache:	**böse**

5. Am Ende siegt das **Gute**.

Ein Märchen schreiben

Wie schreibt man ein Märchen?

Wenn ihr ein Märchen schreiben wollt, dürft ihr eure Fantasie spielen lassen. Ein Zauberer, ein Goldschatz, unheimliche Wälder und gute Feen können zum Märchen gehören. Ihr könnt alle euere Ideen einbringen. Wenn ihr nun noch einen Plan entwickelt, wie ihr ein solches Märchen erfindet, kann's losgehen. Die folgende „Bastelanleitung" will euch dabei helfen.

So schreibt man ein Märchen:

1. Überlegt euch einen Helden oder eine Heldin. Diese Person muss eine oder mehrere Aufgaben lösen, um anschließend dafür belohnt zu werden.

2. Die Figur ist jung, anfangs oft arm, allein und unglücklich. Am Ende des Märchens ist sie dann aber reich, mächtig und glücklich. Meist steht am Schluss eines Märchens auch eine Heirat.

3. Stellt den Figuren (der Figur) Aufgaben – auch gefährliche. Böse Mächte, Teufel und Hexen werden durch verschiedene Kämpfe besiegt.
   Auch die Rettung von Personen oder die Erlösung eines verwunschenen Prinzen können Aufgaben sein, die die Hauptpersonen euerer Geschichte lösen sollen.

4. Diese Aufgaben können durch Mut, List, Güte der Person oder durch die Hilfe von Zauberern, Feen, Zwergen gelöst werden.

5. Baue gezielt typische Märchenwesen ein.
   - Die Guten: die Person, die gerettet werden muss, die schöne Tochter, der verwunschene Prinz …
   - Die Bösen: Stiefschwestern, Hexen, Teufel, Drachen …

6. Bringt den klaren Gegensatz von Gut und Böse zum Ausdruck. Falsches und richtiges Handeln werden oft aneinandergereiht (z. B. zweimal falsch handeln, einmal richtig handeln). Aufzählungen sind Teil eines Märchens: das erste Mädchen, das zweite Mädchen, das dritte Mädchen.

7. Märchen sind
   - namenlos (z. B. „die jüngste Tochter") und
   - zeitlos („Es war einmal …")

8. Das Ende: Das Märchen sollte immer gut ausgehen, z. B. durch den Sieg des Guten, durch Überwindung des Bösen oder durch die Hochzeit der Hauptpersonen.

Bekannte Märchen

Erkennst du diese Märchen? Weißt du auch, wer sie geschrieben hat?

Was versteht man unter einer „Sage"? (1)

Eppelein von Gailingen

Nach Theodor Aufsberg

Große Aufregung herrschte in ganz Nürnberg, war es doch den Reisigen[1] der Stadt gelungen, den berüchtigten Raubritter Eppelein von Gailingen samt seinem Knechte Jäckel bei Lauf in ihre Gewalt zu bekommen. Seit Jahren hatte der Gailinger mit seinen Knechten den Nürnberger Kaufleuten arg zugesetzt. „Pfeffersäcke, Ellenreiter und Käsewürmer" nannte er sie und ließ keinen ihrer Warenzüge ungeschoren. Von seinem Stammschlosse Gailing bei Rothenburg aus verübte er einen Überfall nach dem anderen und ging dabei so schlau und verwegen zu Werke, dass auch der stärkste Begleittross nicht verhindern konnte, dass er die fränkischen Kaufleute seit geraumer Zeit schwer an ihrem Eigentum schädigte.
Am meisten aber ärgerten sich die Nürnberger über sein Meisterstück. Hatte er doch aus einer Sammlung von Kostbarkeiten, die mitten in Nürnberg in der Peunt[2] gezeigt wurden und schwer bewacht waren, das Schönste der goldenen Kleinodien mit einigen seiner Spießgesellen herausgeholt.
Aber heute hatte man ihn gefangen. Ganz Nürnberg war auf den Beinen, das seltsame Schauspiel zu sehen. Groß und Klein drängte sich auf den Straßen, und bis zum St. Jobst hinaus stand das Volk Spalier. Doch da erschien der „Held" selbst. In scheuer Neugier, doch mehr bewundernd als schmähend, blickte alles auf den riesigen Mann mit seinem sonnenverbrannten Gesicht und dem rabenschwarzen Haar und Bart. Er war mit Stricken auf sein Ross gebunden und ritt zwischen schwer bewaffneten Bogenschützen. Der Zug bewegte sich den Burgberg hinan, wo der ritterliche Räuber im fünfeckigen Turm in sichere Verwahrung kam.
Schon am nächsten Tage wurde über ihn Gericht gehalten. Da seine Schuld klar zutage lag und er auch keinen Versuch machte zu leugnen, verurteilte man ihn zum Tode durch das Schwert.
Und wieder war das Nürnberger Volk auf den Beinen, als das Urteil vollstreckt werden sollte. Ein Fähnlein Lanzenknechte bewachte den Burghof, und an ein Entweichen war für den Gefangenen nicht zu denken. Er wurde auf den Richtplatz geführt, der auf der äußeren Freiung aufgerichtet war. Dort stand auch sein treuer Rappe an einem Baum angebunden. Das schöne, aber ungebärdige Tier wieherte vor Freude laut und schüttelte seine Mähne, als es seinen Herrn herankommen sah. Dieser schlang die Arme um sein Ross, und seufzend sprach er: „Von dir fällt mir der Abschied schwer, mein armer Hans." Da leuchtete es wie ein Blitz in seinen Augen auf, und kurz entschlossen wandte er sich an den Hauptmann: „Lasst mich ihn noch einmal besteigen und im Hofe auf und ab reiten. Das ist mein letzter Wunsch." Seine Bitte wurde gewährt, und mit raschem Sprunge saß Eppelein im Sattel. Der Rappe blies die Nüstern auf, wieherte laut, tänzelte einige Male hin und her, und dann mit einem gewaltigen Schwung springt er zur Mauerbrüstung hin, haut die Hufe in den Stein, dass es wie Donner kracht, und fliegt mit seinem kühnen Reiter über den breiten Graben. Bis die Bewacher aus ihrem Staunen herausfanden, bis die schwere Zugbrücke niedergelassen war, hatte Eppelein einen so großen Vorsprung gewonnen, dass er, hohnlachend seinen Hut schwenkend, den Verfolgern mühelos entkam.
Seitdem sagt man: „Die Nürnberger hängen keinen, sie hätten ihn denn zuvor." Der Schnapphahn trieb noch Jahre hindurch sein Unwesen, fiel aber dann noch einmal in die Hände der Nürnberger. Mit sechs Gefährten wurde er im Dorfe Postbauer in der Oberpfalz gefangen genommen und mit dem Rade vom Leben zum Tode gebracht.

---
1 Reisigen: Soldaten
2 Peunt: Stadthaus

Was versteht man unter einer „Sage"? (2)

Wodurch unterscheidet sich eine Sage von einem Märchen? Beschreibe die Unterschiede.

Merkmale einer Sage:

1. Eine Sage ist eine Erzählung mit ____________________ Hintergrund.
2. Sagen berichten oft von ______________ und ______________, die es wirklich gegeben hat.

   Im Gegensatz zu Märchen haben Sagen meist einen „______________" Kern.
3. In den Sagen kommen, wie in den Märchen, auch übernatürliche Kräfte vor, wie z. B. ______________

   ____.
4. In den Sagen finden wir wieder, was das Volk in bestimmte Personen und Ereignisse

   „____________________" hat.
5. Man unterscheidet zwischen ____________________ und ____________________.

   Volkssagen berichten von Personen und Ereignissen, die dem Volk ______________ waren.

   Heldensagen berichten von Göttern der ______________ und der ______________ oder

   aus der heldischen Frühzeit eines Volkes.

Bekannte Sagen:

____

____

____

____

Was versteht man unter einer „Sage"? (2)

Wodurch unterscheidet sich eine Sage von einem Märchen? Beschreibe die Unterschiede.

Merkmale einer Sage:

1. Eine Sage ist eine Erzählung mit **geschichtlichem** Hintergrund.
2. Sagen berichten oft von **Personen** und **Ereignissen**, die es wirklich gegeben hat. Im Gegensatz zu Märchen haben Sagen meist einen „**wahren**" Kern.
3. In den Sagen kommen, wie in den Märchen, auch übernatürliche Kräfte vor, wie z. B. **Götter, Hexen, Kobolde, Zwerge, Riesen**.
4. In den Sagen finden wir wieder, was das Volk in bestimmte Personen und Ereignisse „**hineingedacht**" hat.
5. Man unterscheidet zwischen **Volkssagen** und **Heldensagen**. Volkssagen berichten von Personen und Ereignissen, die dem Volk **bekannt** waren. Heldensagen berichten von Göttern der **Römer** und der **Griechen** oder aus der heldischen Frühzeit eines Volkes.

Bekannte Sagen:

Rübezahl (Volkssage), Tantalos (Heldensage), Die Steinerne Brücke zu Regensburg (Volkssage), Daidalos und Ikaros (Heldensage), Die Nibelungensage (Heldensage)

„Eppelein von Gailingen" – eine Sage als Gedicht

Ernst Weber brachte die Sage des „Eppelein von Gailingen" in eine Gedichtform.
Versuche, die alte deutsche Schrift zu lesen. Es kann dir gelingen, weil du den Inhalt der Sage bereits kennst!

Eppelein von Geilingen

Sie hatten ihn gefangen
mit Spießen und mit Stangen,
von Geilingen den Eppelein.
Das war ein Jubeln und ein Schrei'n!
Die ganze Stadt war toll und voll,
und was an Gift und was an Groll
man schon seit Jahr und Tagen
geheim in sich getragen,
das machte sich gewaltsam Luft:
Der Erzhalunk', der Schelm, der Schuft!
Kein Schmähruf wurde ihm geschenkt;
denn morgen wird er ja gehenkt!

Nun, da man ihn gefangen,
braucht keiner mehr zu bangen,
daß, wenn er auf den Strauchdieb schilt,
der Eppelein ihm das vergilt,
und eh' sich einer des versieht,
ihm etwas um die Ohren zieht,
der gottverlass'ne Räuber!
Die Männer wurden Weiber,
sprach einer nur den Namen aus.
Nun wagt man wieder sich heraus,
und selbst die Mädel wurden kühn:
„Heidi, heida, wir haben ihn!"

Indes in schweren Sorgen
der Ritter schaut den Morgen.
„Noch eine Bitte schenkt ihr mir? —
Wohlan, so bringt mein treues Tier!
Bringt mir mein Roß zum letzten Ritt!
Es geht so einen sanften Schritt.
Zum Galgen soll's mich tragen,
ihr dürft mir's nicht versagen. —
Ihr fürchtet doch nicht gar Gefahr? —
Ich bin ja aller Waffen bar!"
Da mußten sie zu Willen sein
von Geilingen dem Eppelein.

Sie rückten an den Kappen
und zäumten ihm den Rappen.
Sie banden fest den starken Mann.
Hinaus zum Zwinger ging es dann.
Die Gaffer standen dicht gedrängt.
Die Alten schrien: „Hängt ihn, hängt
den argen Leuteschinder!"
Und selbst die kleinen Kinder,
sie höhnten: „Eppel — Eppelin!"
und drehten Nasen nach ihm hin,
wo der Gefangene finsterblaß
auf seinem schwarzen Renner saß.

Er saß in stiller Lauer,
und wo die Außenmauer
steilrecht zum Graben fiel hinab,
er seinem Hengst die Sporen gab.
Ein Hurrehopp — Stoß rechts, Stoß links
quer durch die Lanzenreihen ging's,
und hoch trotz voller Rüstung
zwang er die Mauerbrüstung.
Die Wellen klatschten über ihn,
die Städter rannten her und hin;
doch eh' sie kamen an den Rand,
er schon auf Nimmersehn verschwand.

Das Stücklein hat vor allen
mir immer gut gefallen.
Gar herzlich hab' ich stets gelacht,
wenn ich des Eppelein gedacht.
Und war er auch ein Schnapphahn bloß,
als kecker Reiter war er groß,
der ohne langes Zagen
den rechten Sprung tat wagen.
Zur rechten Zeit ein scharfer Sporn!
Es geht kein Reitersmann verlor'n,
wenn unter ihm ein Rößlein schnaubt
und er noch an sich selber glaubt.

Ernst Weber

„Eppelein von Gailingen" – eine Sage als Gedicht

Eppelein von Geilingen

Sie hatten ihn gefangen
Mit Spießen und mit Stangen
Von Geilingen den Eppelein.
Das war ein Jubeln und ein Schrei'n!
Die ganze Stadt war toll und voll
und was an Gift und was an Groll
man schon seit Jahr und Tagen
geheim in sich getragen,
das machte sich gewaltsam Luft:
Der Erzhalunk', der Schelm, der Schuft!
Kein Schmähruf wurde ihm geschenkt;
denn morgen wird er ja gehenkt!

Nun, da man ihn gefangen,
braucht keiner mehr zu bangen,
dass, wenn er auf den Strauchdieb schilt,
der Eppelein ihm das vergilt,
und eh' sich einer des versieht,
ihm etwas um die Ohren zieht,
der gottverlass'ne Räuber!
Die Männer wurden Weiber,
sprach einer nur den Namen aus.
Nun wagt man wieder sich hinaus,
und selbst die Mädel wurden kühn:
„Heidi, heida, wir haben ihn!"

Indes in schweren Sorgen
der Ritter schaut den Morgen.
„Noch eine Bitte schenkt ihr mir? –
Wohlan, so bringt mein treues Tier!
Bringt mir mein Ross zum letzten Ritt!
Es geht so einen sanften Schritt.
Zum Galgen soll's mich tragen,
ihr dürft mir's nicht versagen. –
Ihr fürchtet doch nicht gar Gefahr? –
Ich bin ja aller Waffen bar!"
Da mussten sie zu Willen sein
von Geilingen dem Eppelein.

Sie rückten an den Kappen
und zäumten ihm den Rappen.
Sie banden fest den starken Mann.
Hinaus zum Zwinger ging es dann.
Die Gaffer standen dicht gedrängt.
Die Alten schrien: Hängt ihn, hängt
den argen Leuteschinder!"
Und selbst die kleinen Kinder,
sie höhnten: „Eppel – Eppelin!"
und drehten Nasen nach ihm hin,
wo der Gefangene finsterblass
auf seinem schwarzen Renner saß.

Er saß in stiller Lauer,
und wo die Außenmauer
steilrecht zum Graben fiel hinab,
er seinem Hengst die Sporen gab.
Ein Hurrehopp – Stoß rechts, Stoß links
quer durch die Lanzenreihen ging's
und hoch trotz voller Rüstung
zwang er die Mauerbrüstung.
Die Wellen klatschten über ihn,
die Städter rannten her und hin;
doch eh' sie kamen an den Rand,
er schon auf Nimmersehn verschwand.

Das Stücklein hat vor allen
mir immer gut gefallen.
Gar herzlich hab ich stets gelacht,
wenn ich des Eppelein gedacht.
Und war er auch ein Schnapphahn bloß,
als kecker Reiter war er groß,
der ohne langes Zagen
den rechten Sprung tat wagen.
Zur rechten Zeit ein scharfer Sporn!
Es geht kein Reitersmann verlor'n,
wenn unter ihm ein Rösslein schnaubt
und er noch an sich selber glaubt.

Ernst Weber

„Eppelein von Gailingen" – sein Leben

Eckelein Geyling (Eppelein von Gailingen) wird um 1320 in Illesheim bei Bad Windsheim geboren.

Er lebte in einer Zeit, in der das Rittertum allmählich überflüssig wurde. Die Ritter saßen in ihren Burgen und lebten von den Abgaben ihrer Bauern. Bald verarmten sie aber immer mehr, da die Abgaben der Bauern nicht ausreichten, um die teure Ausstattung eines Berufskriegers samt Personal zu bezahlen.

Die Ritter betrachteten die immer reicher werdenden Städter und Kaufleute mit großem Zorn, denn in ihnen erblickten sie die Ursache ihrer Armut. Da auch der Kaiser sie nicht mehr unterstützte, überfielen sie bald die Kaufmannszüge und wurden so zu Raubrittern.

Eppelein begann um das Jahr 1360 mit Überfällen auf Handelsfuhrwerke im Raum Nürnberg. 1369 wurde vom Nürnberger Gericht die Reichsacht über ihn verhängt, er verlor seine Burg bei Gunzenhausen. Die Burg wurde im Jahre 1372 zerstört.

Eppelein entkam seinen Feinden, wurde aber kurz darauf verraten und in Forchheim gefangen. In Nürnberg wurde er zum Tod am Galgen verurteilt, konnte sich aber durch einen Sprung mit seinem Pferd über die Burgmauer retten und entschwand seinen Widersachern.

Im Jahr 1381 wurde er erneut verraten, gefangen genommen und in Neumarkt in der Oberpfalz auf das Rad gebunden und qualvoll hingerichtet.

In heimlicher Bewunderung stieg Eppelein von Gailingen aber in der Folgezeit zu einer Legende auf und wurde als ein Mann verehrt, „der es den Reichen zeigte".

Der Sprung über die Nürnberger Burgmauer prägte sich ins Bewusstsein der Zeitgenossen als ein aufregendes Ereignis ein.

Die Nürnberger Burg wurde fünfzig Jahre nach Eppeleins Sprung in den Burggraben zerstört und neu errichtet. Wall und Graben wurden „sprungsicher" angelegt.

Was versteht man unter einer „Schelmengeschichte"?

Wie Eulenspiegel Erde kaufte

Der Graf von Anhalt war nicht der einzige deutsche Fürst, der Eulenspiegel mit dem Galgen bedrohte. Genau dasselbe tat, wenig später, der Herzog von Lüneburg. Till hatte nämlich auch im Herzogtum Lüneburg irgendwelche Dummheiten ausgefressen. Und der Herzog hatte ihm daraufhin gesagt: „Mach, dass du über die Grenze kommst! Wenn du dich wieder vor mir blicken lässt, wirst du gehängt!"
Eulenspiegel war damals wie der Blitz aus Lüneburg verschwunden. Später aber musste er auf seinen Fahrten doch wieder durch das Gebiet des Herzogs, falls er keinen zu großen Umweg machen wollte. Er kaufte sich deshalb ein Pferd und einen Karren; und in der Nähe von Celle hielt er an einem Acker still, den ein Bauer pflügte, und kaufte dem Bauern für einen Schilling so viel Ackererde ab, dass der Karren bis obenhin voll davon wurde. Dann setzte sich Till in den Karren, sodass nur der Kopf und die Arme aus der Erde hervorschauten. Und so kutschierte Eulenspiegel durch das ihm verbotene Herzogtum. Er sah fast aus wie ein fahrender Blumentopf.
Als er an der Burg Celle vorbeifuhr, begegnete er dem Herzog, der mit seinem Gefolge zur Jagd ritt. Der Herzog hielt an und sagte: „Ich habe dir mein Land verboten. Steig aus! Jetzt wirst du gehängt!"
„Ich bin ja gar nicht in eurem Land", erwiderte Eulenspiegel. „Ich sitze in meinem eignen Land. Ich hab es rechtmäßig von einem Bauern gekauft. Erst gehörte es ihm. Nun gehört es mir. Euer Land ist es nicht." Der Herzog sagte: „Scher dich mit deinem Land aus meinem Land, du Galgenstrick! Und wenn du noch einmal hierherkommst, hänge ich dich samt Pferd und Wagen!"

Warum nennt man eine solche Erzählung „Schelmengeschichte"? Erläutere anhand der vorliegenden Geschichte.

Merkmale einer Schelmengeschichte:

1. Eine Schelmengeschichte ist eine Erzählung mit einer turbulenten, manchmal ____________________ Handlung.
2. Oft überrumpelt der Schwächere durch ____________________ einen Stärkeren.
3. Schelmengeschichten sind immer ____________________ geschrieben, wobei Situationen dargestellt werden, die es ______________________________.

Bekannte Schelmengeschichten:

____

____

____

____

____

____

Was versteht man unter einer „Schelmengeschichte"?

Wie Eulenspiegel Erde kaufte

Der Graf von Anhalt war nicht der einzige deutsche Fürst, der Eulenspiegel mit dem Galgen bedrohte. Genau dasselbe tat, wenig später, der Herzog von Lüneburg. Till hatte nämlich auch im Herzogtum Lüneburg irgendwelche Dummheiten ausgefressen. Und der Herzog hatte ihm daraufhin gesagt: „Mach, dass du über die Grenze kommst! Wenn du dich wieder vor mir blicken lässt, wirst du gehängt!"

Eulenspiegel war damals wie der Blitz aus Lüneburg verschwunden. Später aber musste er auf seinen Fahrten doch wieder durch das Gebiet des Herzogs, falls er keinen zu großen Umweg machen wollte. Er kaufte sich deshalb ein Pferd und einen Karren; und in der Nähe von Celle hielt er an einem Acker still, den ein Bauer pflügte, und kaufte dem Bauern für einen Schilling so viel Ackererde ab, dass der Karren bis obenhin voll davon wurde. Dann setzte sich Till in den Karren, sodass nur der Kopf und die Arme aus der Erde hervorschauten. Und so kutschierte Eulenspiegel durch das ihm verbotene Herzogtum. Er sah fast aus wie ein fahrender Blumentopf.

Als er an der Burg Celle vorbeifuhr, begegnete er dem Herzog, der mit seinem Gefolge zur Jagd ritt. Der Herzog hielt an und sagte: „Ich habe dir mein Land verboten. Steig aus! Jetzt wirst du gehängt!"

„Ich bin ja gar nicht in eurem Land", erwiderte Eulenspiegel. „Ich sitze in meinem eignen Land. Ich hab es rechtmäßig von einem Bauern gekauft. Erst gehörte es ihm. Nun gehört es mir. Euer Land ist es nicht." Der Herzog sagte: „Scher dich mit deinem Land aus meinem Land, du Galgenstrick! Und wenn du noch einmal hierherkommst, hänge ich dich samt Pferd und Wagen!"

Warum nennt man eine solche Erzählung „Schelmengeschichte"? Erläutere anhand der vorliegenden Geschichte.

Merkmale einer Schelmengeschichte:

1. Eine Schelmengeschichte ist eine Erzählung mit einer turbulenten, manchmal **übertriebenen** Handlung.
2. Oft überrumpelt der Schwächere durch **List** einen Stärkeren.
3. Schelmengeschichten sind immer **lustig** geschrieben, wobei Situationen dargestellt werden, die es **in Wirklichkeit nicht gibt**.

Bekannte Schelmengeschichten:

Münchhausens Ritt über den Schnee

Die Schildbürger bauen ein Rathaus

Wie Till Eulenspiegel einem Esel das Lesen beibrachte

Eine Schelmengeschichte zeichnen

Lies dir die folgende Schelmengeschichte aufmerksam durch, und zeichne dann das wichtigste Bild der Geschichte!

Münchhausens Ritt über den Schnee

Auf meiner Reise nach Russland ritt ich einst den ganzen Tag über den hartgefrorenen Schnee dahin. Zu meiner Verwunderung sah ich bis zum Abend weder Baum noch Strauch, noch eine menschliche Wohnung. Ich ritt weiter und weiter, bis Nacht und Dunkelheit mich überfielen. Das ganze Land lag unter Schnee, und ich wusste weder Weg noch Steg. Des Reitens müde, stieg ich endlich ab und band mein Pferd an eine Art von spitzem Baumstecken, der über den Schnee hervorragte. Zur Sicherheit nahm ich meine Pistolen unter den Arm, legte mich nicht weit davon in den Schnee nieder und tat ein so gesundes Schläfchen, dass mir die Augen nicht eher wieder aufgingen, als bis es heller, lichter Tag war. Wie groß war aber mein Erstaunen, als ich fand, dass ich mitten in einem Dorfe auf dem Kirchhofe lag! Mein Pferd war anfänglich nirgends zu sehen; doch hörte ich's bald darauf irgendwo über mir wiehern. Als ich nun emporsah, so wurde ich gewahr, dass es an den Wetterhahn des Kirchturms gebunden war und von da herunterhing. Nun wusste ich sogleich, wie ich dran war. Das Dorf war nämlich die Nacht über ganz zugeschneit gewesen. Das Wetter hatte auf einmal umgeschlagen; ich war im Schlaf nach und nach, sowie der Schnee zusammengeschmolzen war, ganz sanft herabgesunken. Und was ich in der Dunkelheit für einen aus dem Schnee ragenden Baumstumpf gehalten, an den ich mein Pferd gebunden hatte, das war das Kreuz oder der Wetterhahn des Kirchturms gewesen. Ohne mich nun lange zu bedenken, nahm ich eine von meinen beiden Pistolen, schoss nach dem Halfter, kam glücklich auf die Art wieder zu meinem Pferde und verfolgte meine Reise.

Gottfried August Bürger

Sach- und Gebrauchstexte verstehen

München – Hauptstadt Bayerns

Das neue Fußballstadion mit seiner eigenwilligen Form ist durch zahlreiche Übertragungen im Fernsehen berühmt geworden. Aber München ist weit mehr als ein sportliches Zentrum. Es ist auch das politische, wirtschaftliche und kulturelle Zentrum Bayerns. Im Maximilianeum tagt der bayerische Landtag. Seine wichtigste Aufgabe ist es, Gesetze für Bayern zu beschließen.

Der wirtschaftliche Aufschwung Münchens begann ab der Mitte des vorigen Jahrhunderts zunächst mit der Maschinenbau- und Elektroindustrie. Großen Aufschwung bekam München in den 80er Jahren mit dem Aufkommen der Elektronik- und Hightechindustrie. Die Nähe zu den Fachhochschulen und Universitäten sicherte den Firmen stets qualifizierte Mitarbeiter. Die Forschungszentren der Industrie und Universitäten arbeiten eng mit den Firmen zusammen. Somit können Erfindungen stets schnell in neue Produkte umgesetzt werden.

In keiner anderen Stadt Bayerns gibt es so viele Museen, Theater und Kinos wie in München. Besonders beliebt ist das Deutsche Museum. Weitere Anziehungspunkte für Besucher aus dem In- und Ausland sind Opern- und Ballettaufführungen, Kleinkunstbühnen und unzählige Restaurants.

Ein neues Wahrzeichen Münchens ist der Flughafen im Norden der Stadt, der in seiner Bedeutung als Drehscheibe des Luftverkehrs immer mehr zunimmt.

Sach- und Gebrauchstexte sind keine literarischen Texte wie Romane oder Erzählungen. Sie befassen sich zumeist mit einem ____________________ (in diesem Fall mit der Stadt München) und wollen den Leser ____________________.

Wenn du den Text verstanden hast, kannst du dieses Rätsel lösen:

Hier werden in Bayern Gesetze beschlossen:
Da kann man z. B. eine Ausstellung besuchen (Einzahl):
Hier kann man essen:
Verantwortlich für den Aufschwung in den 80ern:
Beginn des wirtschaftlichen Aufschwungs durch:
Drehscheibe des Luftverkehrs:
Gebaut im … von München:
Hier arbeiten die Studenten:

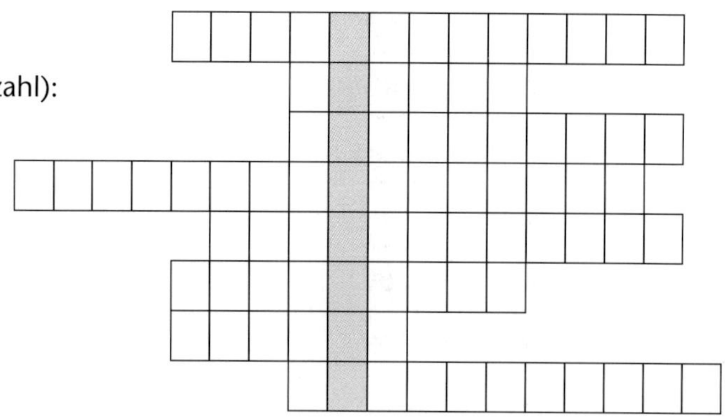

Sach- und Gebrauchstexte verstehen

München – Hauptstadt Bayerns

Das neue Fußballstadion mit seiner eigenwilligen Form ist durch zahlreiche Übertragungen im Fernsehen berühmt geworden. Aber München ist weit mehr als ein sportliches Zentrum. Es ist auch das politische, wirtschaftliche und kulturelle Zentrum Bayerns. Im Maximilianeum tagt der bayerische Landtag. Seine wichtigste Aufgabe ist es, Gesetze für Bayern zu beschließen.

Der wirtschaftliche Aufschwung Münchens begann ab der Mitte des vorigen Jahrhunderts zunächst mit der Maschinenbau- und Elektroindustrie. Großen Aufschwung bekam München in den 80er Jahren mit dem Aufkommen der Elektronik- und Hightechindustrie. Die Nähe zu den Fachhochschulen und Universitäten sicherte den Firmen stets qualifizierte Mitarbeiter. Die Forschungszentren der Industrie und Universitäten arbeiten eng mit den Firmen zusammen. Somit können Erfindungen stets schnell in neue Produkte umgesetzt werden.

In keiner anderen Stadt Bayerns gibt es so viele Museen, Theater und Kinos wie in München. Besonders beliebt ist das Deutsche Museum. Weitere Anziehungspunkte für Besucher aus dem In- und Ausland sind Opern- und Ballettaufführungen, Kleinkunstbühnen und unzählige Restaurants.

Ein neues Wahrzeichen Münchens ist der Flughafen im Norden der Stadt, der in seiner Bedeutung als Drehscheibe des Luftverkehrs immer mehr zunimmt.

Sach- und Gebrauchstexte sind keine literarischen Texte wie Romane oder Erzählungen. Sie befassen sich zumeist mit einem **Thema** (in diesem Fall mit der Stadt München) und wollen den Leser **informieren**.

Wenn du den Text verstanden hast, kannst du dieses Rätsel lösen:

Hier werden in Bayern Gesetze beschlossen:	MAXIMILIANEUM
Da kann man z. B. eine Ausstellung besuchen (Einzahl):	MUSEUM
Hier kann man essen:	RESTAURANT
Verantwortlich für den Aufschwung in den 80ern:	ELEKTROINDUSTRIE
Beginn des wirtschaftlichen Aufschwungs durch:	MASCHINENBAU
Drehscheibe des Luftverkehrs:	FLUGHAFEN
Gebaut im … von München:	NORDEN
Hier arbeiten die Studenten:	UNIVERSITÄT

Sach- und Gebrauchstexte - Fragen zum Text

1. Welches Bauwerk ist durch seine eigenwillige Form berühmt geworden?

2. Wodurch ist dieses Bauwerk berühmt geworden?

3. München ist weit mehr als ein sportliches Zentrum! Was ist es noch?

4. Welche Aufgabe hat der bayerische Landtag?

5. Wann und womit begann der wirtschaftliche Aufschwung Münchens?

6. Wie kam es zum Aufschwung in der 80er Jahren?

7. Welche Verbindung besteht zwischen den Forschungszentren der Industrie, den Universitäten und den Firmen?

8. Welches neue Wahrzeichen liegt im Norden Münchens?

Sach- und Gebrauchstexte - Fragen zum Text

1. Welches Bauwerk ist durch seine eigenwillige Form berühmt geworden?

   Das neue Fußballstadion ist durch seine eigenwillige Form berühmt geworden.

2. Wodurch ist dieses Bauwerk berühmt geworden?

   Dieses Bauwerk ist durch zahlreiche Übertragungen im Fernsehen berühmt geworden.

3. München ist weit mehr als ein sportliches Zentrum! Was ist es noch?

   München ist auch das politische, wirtschaftliche und kulturelle Zentrum Bayerns.

4. Welche Aufgabe hat der bayerische Landtag?

   Die Aufgabe des bayerischen Landtags besteht darin, Gesetze für Bayern zu beschließen.

5. Wann und womit begann der wirtschaftliche Aufschwung Münchens?

   Der wirtschaftliche Aufschwung Münchens begann ab der Mitte des vorigen Jahrhunderts mit der Maschinenbau- und Elektroindustrie.

6. Wie kam es zum Aufschwung in der 80er Jahren?

   Großen Aufschwung bekam München mit dem Aufkommen der Elektronik- und Hightechindustrie.

7. Welche Verbindung besteht zwischen den Forschungszentren der Industrie, den Universitäten und den Firmen?

   Die Forschungszentren der Industrie und die Universitäten arbeiten eng mit den Firmen zusammen. Somit können Erfindungen schnell in neue Produkte umgesetzt werden.

8. Welches neue Wahrzeichen liegt im Norden Münchens?

   Das neue Wahrzeichen im Norden Münchens ist der Flughafen.

Ein Gedicht auswendig lernen

Bewaffneter Friede

Ganz unverhofft, an einem Hügel,
Sind sich begegnet Fuchs und Igel.
„Halt", rief der Fuchs, „du Bösewicht!
Kennst du des Königs Ordre nicht?
Ist nicht der Friede längst verkündigt,
Und weißt du nicht, dass jeder sündigt,
Der immer noch gerüstet geht? –
Im Namen seiner Majestät,
Geh her und übergib dein Fell!"
Der Igel sprach: „Nur nicht so schnell!
Lass dir erst deine Zähne brechen,
Dann wollen wir uns weitersprechen."
Und alsogleich macht er sich rund,
Schließt seinen dichten Stachelbund,
Und trotzt getrost der ganzen Welt,
Bewaffnet, doch als Friedensheld.

Wilhelm Busch

Ein Gedicht auswendig vortragen zu können, ist immer die eleganteste Form eines Gedichtvortrags. Wenn du dieses Gedicht auswendig vortragen willst, braucht es eine planvolle Vorbereitung. So könntest du vorgehen:

1. **Lesen:** Lies das Gedicht einige Male laut vor: Du hörst, wie es klingt, und bekommst einen ersten Überblick.

2. **Verstehen:** Mache dir klar, worum es in diesem Gedicht geht, dann kannst du später auch dem Gedicht inhaltlich leichter folgen.

3. **Reim:** Achte auf den Reim, und sprich dir die Reimwörter bewusst vor!

4. **Abschnittweise lernen:** Versuche nicht, das Gedicht „in einem Satz" auswendig zu lernen. Nimm dir Zeile für Zeile vor, und lerne erst weiter, wenn die letzten Zeilen „sitzen". Hier empfiehlt es sich, jeweils beide Reimzeilen miteinander zu verbinden!

5. **Schreiben:** Wenn das Gedicht nicht zu lang ist, kannst du es auch abschreiben – für manchen ist dies eine Hilfe.

6. **Vortrag:** Wenn du nun das Gedicht auswendig gelernt hast, trage es vor: Sprich es zunächst für dich allein, dann auch vor anderen – das hilft, die Nervosität in den Griff zu bekommen.

7. **Betonung:** Wenn du nun das Gedicht „technisch" im Griff hast, solltest du Wert auf die Betonung legen. Das „Auswendigkönnen" ist jetzt nicht mehr das Problem; betone so, wie es der Situation angemessen ist.

8. **Kassette:** Ein letzte Möglichkeit besteht darin, das Gedicht auf Kassette zu sprechen. Man hört auf diese Weise noch einige „Unebenheiten" heraus.

Abschreiben will gelernt sein

Kein Halt ohne Bremsen!

Geradezu lebensgefährlich ist es, / sich ohne gut funktionierende Bremsen / auf ein Fahrrad zu setzen! Kein Fahrzeug kann plötzlich anhalten. Die Bremsen bringen es zum Stehen. Die Bremsklötze des Fahrrads / werden mit dem Bremsgriff am Lenker betätigt. Über den Seilzug / werden sie mit sehr hohem Druck / auf die Felge gepresst. Die Felge des sich drehenden Rades / und die Bremsklötze / reiben nun aneinander. Dabei entsteht die Bremskraft. Die Geschwindigkeit des Rads verringert sich, / bis es schließlich zum Stehen kommt.

Einen solchen Text fehlerfrei abzuschreiben, ist nicht ganz einfach. Du musst dir die einzelnen Wörter, vor allem die schwierigen, ganz genau anschauen und anschließend niederschreiben. Das erfordert eine konzentrierte Schreibarbeit. Folgende Tipps können dir beim fehlerfreien Abschreiben helfen:

1. Lies zuerst den ganzen Text durch, damit du verstehst, worum es sich bei dem Text handelt. Somit bist du beim Thema.
2. Lies jetzt den ersten Satz durch. Du weißt dann, wie lang er ist, und erkennst die schwierigen Wörter.
3. Teile nun den Satz in einzelne Sinnschritte ein, die du dir gut merken kannst. Zu viel Text auf einmal verursacht Fehler!
4. Decke nun die Wortgruppe ab, und schreibe sie auswendig auf!
5. So schreibst du Wortgruppe für Wortgruppe! Achte auf schwierige Wörter und auf die Satzzeichen.
6. Vergleiche jeden Satz genau, und prüfe, ob du Fehler gemacht hast.

Der Text ist bereits in Wortgruppen eingeteilt. Schreibe ihn nun fehlerfrei ab!

Welche Wörter schreibt man groß?

Wurzeln – „Tankstelle" der Pflanzen

OFT IST DER GANZE BLUMENTOPF MIT WURZELN AUSGEFÜLLT. DIESE WURZELMASSE MACHT EINEN GROSSEN TEIL DER PFLANZE AUS. BEI ZIMMERPFLANZEN WIRD DAS BESONDERS DEUTLICH. BEI PFLANZEN IM FREILAND IST DAS NICHT SO AUFFALLEND. MIT DIESEM WURZELSYSTEM DRINGEN PFLANZEN UNTERSCHIEDLICH WEIT IN DEN BODEN EIN. OFT REICHEN SIE VIEL TIEFER, ALS DIE PFLANZE SELBST HOCH IST. MIT DEN WURZELN LÖSCHT SIE IHREN DURST. DIE PFLANZE NIMMT DAMIT IHRE NAHRUNG ZU SICH. VON DEN WURZELN BIS ZU DEN LAUBBLÄTTERN DER BÄUME BEWEGT SICH STÄNDIG EIN WASSERSTROM, IN DEM VERSCHIEDENE MINERALSALZE AUS DEM BODEN GELÖST SIND.

Nicht immer ist es ganz einfach, festzustellen, ob ein Wort groß- oder kleingeschrieben wird. Hier sind einige Tests, die dir helfen können. Wenn man eine dieser Fragen mit „Ja" beantworten kann, wird das Wort großgeschrieben:

Test 1: Könnte man das, was das Wort bezeichnet, sehen oder anfassen?
Test 2: Kann man das Wort mit „ich habe" kombinieren?
Test 3: Kann man das Wort mit einem der Artikel „der, die, das" kombinieren?
Test 4: Endet das Wort auf -keit, -nis, -schaft, -chen, -ung, -heit, -tum?
Test 5: Lässt sich direkt vor das Wort ein Adjektiv (Eigenschaftswort) setzen, das sich dabei verändert?

Schreibe den Text in der richtigen Schreibweise auf!

Welche Wörter schreibt man groß?

Wurzeln – „Tankstelle" der Pflanzen

OFT IST DER GANZE BLUMENTOPF MIT WURZELN AUSGEFÜLLT. DIESE WURZELMASSE MACHT EINEN GROSSEN TEIL DER PFLANZE AUS. BEI ZIMMERPFLANZEN WIRD DAS BESONDERS DEUTLICH. BEI PFLANZEN IM FREILAND IST DAS NICHT SO AUFFALLEND. MIT DIESEM WURZELSYSTEM DRINGEN PFLANZEN UNTERSCHIED-LICH WEIT IN DEN BODEN EIN. OFT REICHEN SIE VIEL TIEFER, ALS DIE PFLANZE SELBST HOCH IST. MIT DEN WURZELN LÖSCHT SIE IHREN DURST. DIE PFLANZE NIMMT DAMIT IHRE NAHRUNG ZU SICH. VON DEN WURZELN BIS ZU DEN LAUBBLÄTTERN DER BÄUME BEWEGT SICH STÄNDIG EIN WASSERSTROM, IN DEM VER-SCHIEDENE MINERALSALZE AUS DEM BODEN GELÖST SIND.

Nicht immer ist es ganz einfach, festzustellen, ob ein Wort groß- oder kleingeschrieben wird. Hier sind einige Tests, die dir helfen können. Wenn man eine dieser Fragen mit „Ja" beantworten kann, wird das Wort großgeschrieben:

Test 1: Könnte man das, was das Wort bezeichnet, sehen oder anfassen?
Test 2: Kann man das Wort mit „ich habe" kombinieren?
Test 3: Kann man das Wort mit einem der Artikel „der, die, das" kombinieren?
Test 4: Endet das Wort auf -keit, -nis, -schaft, -chen, -ung, -heit, -tum?
Test 5: Lässt sich direkt vor das Wort ein Adjektiv (Eigenschaftswort) setzen, das sich dabei verändert?

Schreibe den Text in der richtigen Schreibweise auf!

Oft ist der ganze Blumentopf mit Wurzeln ausgefüllt. Diese Wurzelmasse macht einen großen Teil der Pflanze aus. Bei Zimmerpflanzen wird das besonders deutlich. Bei Pflanzen im Freiland ist das nicht so auffällig. Mit diesem Wurzelsystem dringen Pflanzen unterschiedlich weit in den Boden ein. Oft reichen sie viel tiefer, als die Pflanze selbst hoch ist. Mit den Wurzeln löscht sie ihren Durst. Die Pflanze nimmt damit ihre Nahrung zu sich. Von den Wurzeln bis zu den Laubblättern der Bäume bewegt sich ständig ein Wasserstrom, in dem verschiedene Mineralsalze aus dem Boden gelöst sind.

Rechtschreibstrategien anwenden

Ein Wörterbuch gibt Auskunft über die Schreibweise von gesuchten Wörtern, über die Bedeutung des Wortes, über die Aussprache, über Beugung und Steigerungsformen.
Wir kommen aber auch ohne Wörterbuch aus, wenn wir in der Lage sind, Rechtschreibstrategien richtig anzuwenden.
Im Folgenden lernen wir zwei davon kennen:

1. Ein Wort in einzelne Silben zerlegen:

Wenn man ein längeres Wort fehlerfrei schreiben soll, hilft die Strategie, das Wort in einzelne Silben zu zerlegen.
Arbeite mit der Robotersprache: Beispiel: *ei-sen-hal-tig*

Schreibe die folgenden Wörter in der Robotersprache:

reinrassig: ______________________

Satzverbindung: ______________________

Sommerferien: ______________________

Tätowierung: ______________________

unermüdlich: ______________________

Vanillepudding: ______________________

Zollbeamte: ______________________

2. Bei Verben (Zeitwörtern) den Infinitiv (die Grundform) bilden!

Das ist eine der Möglichkeiten, ein Wort zu verlängern. Du kannst die Schreibung des Wortes besser verstehen, z. B. es knallt – knallen.

Bilde die Infinitivform!

sie bezweckt – ______________

sie eilte – ______________

sie erwähnte – ______________

gefreut – ______________

es geschah – ______________

er hing – ______________

er denkt – ______________

er entzog (sich) – ______________

es flackerte – ______________

er gab – ______________

getrennt – ______________

gehüpft – ______________

Rechtschreibstrategien anwenden

Ein Wörterbuch gibt Auskunft über die Schreibweise von gesuchten Wörtern, über die Bedeutung des Wortes, über die Aussprache, über Beugung und Steigerungsformen.
Wir kommen aber auch ohne Wörterbuch aus, wenn wir in der Lage sind, Rechtschreibstrategien richtig anzuwenden.
Im Folgenden lernen wir zwei davon kennen:

1. Ein Wort in einzelne Silben zerlegen:

Wenn man ein längeres Wort fehlerfrei schreiben soll, hilft die Strategie, das Wort in einzelne Silben zu zerlegen.
Arbeite mit der Robotersprache: Beispiel: *ei-sen-hal-tig*

Schreibe die folgenden Wörter in der Robotersprache:

reinrassig: **rein-ras-sig**

Satzverbindung: **Satz-ver-bin-dung**

Sommerferien: **Som-mer-fe-ri-en**

Tätowierung: **Tä-to-wie-rung**

unermüdlich: **un-er-müd-lich**

Vanillepudding: **Va-nil-le-pud-ding**

Zollbeamte: **Zoll-be-am-te**

2. Bei Verben (Zeitwörtern) den Infinitiv (die Grundform) bilden!

Das ist eine der Möglichkeiten, ein Wort zu verlängern. Du kannst die Schreibung des Wortes besser verstehen, z. B. es knallt – knallen.

Bilde die Infinitivform!

sie bezweckt – **bezwecken**

sie eilte – **eilen**

sie erwähnte – **erwähnen**

gefreut – **freuen**

es geschah – **geschehen**

er hing – **hängen**

er denkt – **denken**

er entzog (sich) – **sich entziehen**

es flackerte – **flackern**

er gab – **geben**

getrennt – **trennen**

gehüpft – **hüpfen**

Ein Wörterbuch verstehen und nutzen

Im Wörterbuch sind viele Informationen enthalten. So kannst du sie entschlüsseln:

Das ist die ______________________ (der Infinitiv) des Verbs.

Hier wird das Wort ______________________.

se | hen; du siehst;
er hat gesehen, sie sah

______________________ Verbformen

Der ______________________ (Artikel) des Wortes: ______________________ Kaution.

So wird die ______________________ gebildet; an das Wort wird -en angehängt: die ______________________.

Kau | ti | on, die; -en <lat.>
(Geldsumme als Bürgschaft;
Sicherheitsleistung)

Erklärung einer ______________________

Die Winkelklammern enthalten Angaben zur ______________________ des Wortes: Kaution kommt aus dem ______________________.

Syn | the | si | zer [süntesaiser]
<engl.> (Gerät zur elektronischen Klangerzeugung)

Die eckigen Klammern enthalten Angaben zur ______________________ des Wortes.

Und wenn man ein Wort nicht findet?

Wenn man ein Wort nicht im Wörterbuch findet, sollte man überlegen, ob es nicht anders geschrieben werden muss. Eine kleine Hilfe:

Du findest es nicht unter	Du suchst unter	Beispiele
ap	______________	______________
at	______________	______________
k	________ oder ________	______________
sch	______________	______________

Ein Wörterbuch verstehen und nutzen

Im Wörterbuch sind viele Informationen enthalten. So kannst du sie entschlüsseln:

Das ist die **Grundform** (der Infinitiv) des Verbs.

Hier wird das Wort **getrennt**.

se | hen; du siehst;
er hat gesehen, sie sah

schwierige Verbformen

Der **Begleiter** (Artikel) des Wortes: **die** Kaution.

So wird die **Mehrzahl** gebildet; an das Wort wird -en angehängt: die **Kaution -en.**

Kau | ti | on, die; -en <lat.>
(Geldsumme als Bürgschaft;
Sicherheitsleistung)

Erklärung einer **Wortbedeutung**

Die Winkelklammern enthalten Angaben zur **Herkunft** des Wortes: Kaution kommt aus dem **Lateinischen**.

Syn | the | si | zer [süntesaiser]
<engl.> (Gerät zur elektronischen Klangerzeugung)

Die eckigen Klammern enthalten Angaben zur **Aussprache** des Wortes.

Und wenn man ein Wort nicht findet?

Wenn man ein Wort nicht im Wörterbuch findet, sollte man überlegen, ob es nicht anders geschrieben werden muss. Eine kleine Hilfe:

Du findest es nicht unter	Du suchst unter	Beispiele
ap	**ab**	**Abzug, Abitur**
at	**ad**	**Adresse, Adverb**
k	**c** oder **ch**	**Computer, Chaos**
sch	**ch**	**Charme, Chef**

Fachbegriffe aus der Sprachlehre (1)

Fachbegriff	Erklärung/deutscher Begriff	Beispiel
Vokal	__________	__________
Konsonant	__________	__________
		__________
		__________
Diphthong	__________	__________
Präfix	__________	__________
Suffix	__________	__________
		__________
		__________
	Grundwort	__________
	Bestimmungswort	__________
Nomen/Substantiv	__________	__________
Singular	__________	__________
Plural	__________	__________
Kasus	__________	
Nominativ	__________	__________
Genitiv	__________	__________
Dativ	__________	__________
Akkusativ	__________	__________
Artikel	__________	
Definiter Artikel	__________	__________
Indefiniter Artikel	__________	__________
Adjektiv	__________	__________
Positiv	__________	__________
Komparativ	__________	__________
Superlativ	__________	__________

Fachbegriffe aus der Sprachlehre (1)

Fachbegriff	Erklärung/deutscher Begriff	Beispiel
Vokal	Selbstlaut	a, e, i, o, u
Konsonant	Mitlaut	b, c, d, f, g, h,
		j, k, l, m, n, p, q, r,
		s, t, v, w, x, y, z
Diphthong	Doppellaut	au, äu, eu, ai, ei
Präfix	Vorsilbe	er-klären, ver-kürzen
Suffix	Nachsilbe	Kind-chen, Lehrer-in
		Gesund-heit, Eitel-keit
		trag-isch, wunder-bar
	Grundwort	hellblau
	Bestimmungswort	hellblau
Nomen/Substantiv	Hauptwort/Namenwort	Haus, Sprache, Mut
Singular	Einzahl	der Baum
Plural	Mehrzahl	die Bäume
Kasus	Fall	
Nominativ	1. Fall	Das Rad ist schmutzig.
Genitiv	2. Fall	Das Auto meines Vaters.
Dativ	3. Fall	Das Buch gehört mir.
Akkusativ	4. Fall	Ich lese das Buch.
Artikel	Begleiter/Geschlechtswort	
Definiter Artikel	bestimmtes Geschlechtswort	der, die, das
Indefiniter Artikel	unbestimmtes Geschlechtswort	ein, eine
Adjektiv	Eigenschaftswort	frisch, teuer, laut
Positiv	Grundstufe	mutig
Komparativ	Vergleichsstufe/Höherstufe	mutiger
Superlativ	Höchststufe	am mutigsten

Fachbegriffe aus der Sprachlehre (2)

Fachbegriff	Erklärung/deutscher Begriff	Beispiel
Pronomen		
Personalpronomen		
Possessivpronomen		
Demonstrativ-pronomen		
Relativpronomen		
Verb		
Präsens		
Präteritum		
Perfekt		
Plusquamperfekt		
Präposition		
Adverb		
Konjunktion		
Wortfeld		
Wortfamilie		

Fachbegriffe aus der Sprachlehre (2)

Fachbegriff	Erklärung/deutscher Begriff	Beispiel
Pronomen	Fürwort	
Personalpronomen	persönliches Fürwort	ich, du, er, sie, es,
		wir, ihr, sie
Possessivpronomen	besitzanzeigendes Fürwort	mein, dein, sein, ihr,
		unser, euer
Demonstrativ-pronomen	hinweisendes Fürwort	dieser, diese, dieser,
		jener, jene, jenes,
		der, die, das
		(Das ist mein Fahrrad.)
Relativpronomen	bezügliches Fürwort	der, die, das, welcher,
		welche, welches,
		(Die Katze, die meiner
		Tante gehört, ist krank.)
Verb	Zeitwort	gehen, zeichnen
	regelmäßig	kämmen (kämmte)
	unregelmäßig	binden (band)
Präsens	Gegenwart	ich sitze
Präteritum	1. Vergangenheit	ich saß
Perfekt	2. Vergangenheit	ich habe gesessen
Plusquamperfekt	3. Vergangenheit	ich hatte gesessen
Präposition	Verhältniswort	unter, auf, über, am,
		neben, bei, zwischen, in
Adverb	Umstandswort	dort, oft, gern
Konjunktion	Bindewort	und, obwohl, denn
Wortfeld	sinnverwandte Wörter	Wortfeld „gehen":
		rennen, wandern, laufen …
Wortfamilie	Wörter mit demselben	Wortfamilie „laufen":
	Wortstamm	weitläufig, Ablauf,
		läuferisch, entlaufen

Fachbegriffe aus der Sprachlehre (3)

Fachbegriff	**Erklärung/deutscher Begriff**	**Beispiel**
Deklarativsatz		
Interrogativsatz		
Exklamativsatz		
Imperativsatz		
Satzglieder		
Subjekt		
Prädikat		
Objekt		
Satzreihe		
Satzgefüge		
Wörtliche Rede		

Fachbegriffe aus der Sprachlehre (3)

Fachbegriff	Erklärung/deutscher Begriff	Beispiel
Deklarativsatz	Aussagesatz	Der Hund ist bissig.
Interrogativsatz	Fragesatz	Ist der Hund bissig?
Exklamativsatz	Ausrufesatz	Achtung, der Hund ist bissig!
Imperativsatz	Aufforderungssatz	Bleib doch stehen!
Satzglieder	durch die Umstellprobe zu bestimmen	(Heute) (gehen) (wir) (in die Schule).
Subjekt	Satzgegenstand	Die Blumen blühen.
Prädikat	Satzaussage	Die Blumen blühen.
Objekt	Satzergänzung	Die Blumen blühen im Garten.
Satzreihe	Hauptsatz + Hauptsatz	Der Lehrer kommt und alle stehen auf.
Satzgefüge	Hauptsatz + Nebensatz	Ich hoffe, dass ich bald wieder gesund werde.
Wörtliche Rede		Er meint: „Heute wird es wohl noch regnen!" „Heute wird es wohl noch regnen", meint er. „Es ziehen Wolken auf", meint er, „heute wird es wohl noch regnen."

Rechtschreibtest

1. Schreibe den Text fehlerfrei ab!

Unter Freizeit verstehen die Menschen die Zeit, in der sie selbst bestimmen können, was sie tun. Die arbeitsfreie Zeit, die man zum Essen oder zum Schlafen benötigt, nennt man gebundene Zeit. Sie ist an den Zweck des Erholens gebunden. Daneben steht die Arbeitszeit, die zur Arbeit oder zum Lernen vorgegeben ist.

2. Schreibe jeweils zwei weitere Wörter mit derselben Nachsilbe auf.

Eigenschaft: ______

Planung: ______

Einsamkeit: ______

Sicherheit: ______

3. Bilde die Grundform:

läuft – ______ wirkt – ______ hebt – ______

gestohlen – ______ getrieben – ______ fragend – ______

4. Bilde die Steigerungsformen

stark – ______

gut – ______

hoch – ______

viel – ______

Rechtschreibtest

5. Setze die fehlenden Satzzeichen ein!

Freie Zeit ist eine Zeit in der man für etwas frei ist So verstehen die meisten Menschen ihre Freizeit Untersuchungen aber zeigen dass viele Menschen erst lernen müssen ihre Freizeit sinnvoll zu nutzen Soll man die Zeit nun totschlagen oder sie komplett verplanen Es wäre wohl ratsam nicht in eines der beiden Extreme zu verfallen Nutze deine Zeit sinnvoll

6. Schreibe die folgenden Wörter in der „Robotersprache":

Fortbestand: ____________________

Drückeberger: ____________________

Dromedar: ____________________

nachvollziehen: ____________________

7. Schreibe den Text in der richtigen Schreibweise auf:

VIELE KINDER UND JUGENDLICHE GEHEN MINDESTENS EINMAL IN DER WOCHE EINEM BESTIMMTEN HOBBY NACH. SIE TREIBEN SPORT ODER GEHEN IN EINEN MUSIKVEREIN. NEBEN VIELEN VEREINEN GIBT ES AUCH EINE MENGE JUGENDORGANISATIONEN, IN DENEN SICH JUGENDLICHE TREFFEN KÖNNEN. VIELE DIESER ORGANISATIONEN BIETEN NICHT NUR INTERESSANTE, SONDERN AUCH ABWECHSLUNGSREICHE FREIZEITTÄTIGKEITEN AN.

Rechtschreibtest

1. Schreibe den Text fehlerfrei ab!

Unter Freizeit verstehen die Menschen die Zeit, in der sie selbst bestimmen können, was sie tun. Die arbeitsfreie Zeit, die man zum Essen oder zum Schlafen benötigt, nennt man gebundene Zeit. Sie ist an den Zweck des Erholens gebunden. Daneben steht die Arbeitszeit, die zur Arbeit oder zum Lernen vorgegeben ist.

2. Schreibe jeweils zwei weitere Wörter mit derselben Nachsilbe auf.

Eigenschaft: **Errungenschaft, Freundschaft, Gemeinschaft**

Planung: **Ordnung, Regung, Widmung**

Einsamkeit: **Heiterkeit, Wachsamkeit, Schweigsamkeit**

Sicherheit: **Minderheit, Ergebenheit, Sturheit**

3. Bilde die Grundform:

läuft –	**laufen**	wirkt –	**wirken**	hebt –	**heben**
gestohlen –	**stehlen**	getrieben –	**treiben**	fragend –	**fragen**

4. Bilde die Steigerungsformen

stark – **stärker – am stärksten**

gut – **besser – am besten**

hoch – **höher – am höchsten**

viel – **mehr – am meisten**

Rechtschreibtest

5. Setze die fehlenden Satzzeichen ein!

Freie Zeit ist eine Zeit**,** in der man für etwas frei ist**.** So verstehen die meisten Menschen ihre Freizeit**.** Untersuchungen aber zeigen**,** dass viele Menschen erst lernen müssen**,** ihre Freizeit sinnvoll zu nutzen**.** Soll man die Zeit nun totschlagen oder sie komplett verplanen**?** Es wäre wohl ratsam**,** nicht in eines der beiden Extreme zu verfallen**.** Nutze deine Zeit sinnvoll**!**

6. Schreibe die folgenden Wörter in der „Robotersprache":

Fortbestand: **Fort-be-stand**

Drückeberger: **Drü-cke-ber-ger**

Dromedar: **Dro-me-dar**

nachvollziehen: **nach-voll-zie-hen**

7. Schreibe den Text in der richtigen Schreibweise auf:

VIELE KINDER UND JUGENDLICHE GEHEN MINDESTENS EINMAL IN DER WOCHE EINEM BESTIMMTEN HOBBY NACH. SIE TREIBEN SPORT ODER GEHEN IN EINEN MUSIKVEREIN. NEBEN VIELEN VEREINEN GIBT ES AUCH EINE MENGE JUGENDORGANISATIONEN, IN DENEN SICH JUGENDLICHE TREFFEN KÖNNEN. VIELE DIESER ORGANISATIONEN BIETEN NICHT NUR INTERESSANTE, SONDERN AUCH ABWECHSLUNGSREICHE FREIZEITTÄTIGKEITEN AN.

Viele Kinder und Jugendliche gehen mindestens einmal in der Woche einem bestimmen Hobby nach. Sie treiben Sport oder gehen in einen Musikverein.
Neben vielen Vereinen gibt es auch eine Menge Jugendorganisationen, in denen sich Jugendliche treffen können. Viele dieser Organisationen bieten nicht nur interessante, sondern auch abwechslungsreiche Freizeittätigkeiten an.

Testdiktat

Die Muskeln – Motor unserer Bewegung

Muskeln sorgen dafür, dass wir uns bewegen können. Selbst wenn wir uns scheinbar gar nicht von der Stelle rühren, etwa beim Sitzen oder Stehen, korrigieren ganz bestimmte Muskelgruppen unsere Haltung. Ansonsten würden wir ganz leicht nach hinten fallen oder nach vorne kippen. Ohne Muskeln könnten wir uns auch gar nicht untereinander verständigen.

Wenn wir fröhlich oder traurig sind, formen Muskeln den dazu passenden Gesichtsausdruck. Ohne Muskeln könnten wir nicht lachen, und unser Gesicht bliebe ohne Bewegung. Auch das Sprechen und das Schreiben ist Schwerstarbeit für die Muskeln.

Ein Schritt nach vorne ist für uns nichts Besonderes, eine ganz unscheinbare Bewegung. Wenn man jedoch weiß, dass allein daran schon über 200 verschiedene Muskeln beteiligt sind, kann man sich gut vorstellen, dass Bewegungen ein hoch kompliziertes Zusammenspiel einzelner Muskeln sind.

(132 Wörter)

Bewertungsschlüssel:

0–1,5	Fehler:	Note 1
2,0–4,0	Fehler:	Note 2
4,5–6,5	Fehler:	Note 3
7,0–9,0	Fehler:	Note 4
9,5–12,0	Fehler:	Note 5
12,5–	Fehler:	Note 6

Testdiktat

Die Sonne

Die Sonne begleitet das Leben von Anfang an. Sie ist ein gigantisches Kraftwerk, dessen Wärme und Licht das Leben auf der Erde erst möglich gemacht haben.
Sie erwärmt die Erde, sodass Wasser nahezu überall flüssig bleibt. Sie lenkt Winde und Wolken, lässt Wasser aus den Meeren verdunsten und bringt so Leben spendende Feuchtigkeit auf die Kontinente. Sie liefert den Pflanzen Licht und Wärme, ohne die diese nicht wachsen könnten.
Die Sonne schafft die Voraussetzungen für die Ernährung von Mensch und Tier. Sie bestimmt in der immer gleichen Abfolge den Lauf unseres Kalenders und den Wechsel der Jahreszeiten.
Weil sie jeden Tag scheint – es sei denn, ein paar Wölkchen versperren uns die Sicht –, nehmen wir sie als ganz selbstverständlich hin. Erst wenn sie uns einmal blendet und wir ihr etwas hilflos entgegenblinzeln, oder im Sommer, wenn es vielleicht einmal unerträglich heiß wird, nehmen wir sie ganz bewusst wahr.

(149 Wörter)

Bewertungsschlüssel:

0–1,5 Fehler: Note 1
2,0–4,0 Fehler: Note 2
4,5–6,5 Fehler: Note 3
7,0–9,0 Fehler: Note 4
9,5–12,0 Fehler: Note 5
12,5– Fehler: Note 6

Testdiktat

Die Katze – ein Schleichjäger

Eine Katze streift über eine frisch gemähte Wiese. Plötzlich bleibt sie regungslos stehen und schaut gespannt in eine Richtung. Die Katze hat ein sehr feines Gehör. Das Rascheln einer Maus nimmt sie selbst aus größerer Entfernung wahr.

Paul und Tina beobachten neugierig, wie sie ganz langsam den Kopf vorschiebt. Die Ohren sind dabei steil aufgerichtet, und die Schwanzspitze bewegt sich leicht hin und her. Nun erhebt sie sich ganz vorsichtig und bewegt sich im Zeitlupentempo einige Schritte vorwärts. Dann duckt sie sich wieder und wartet völlig bewegungslos in gespannter Haltung. Nach kurzer Zeit schiebt sie sich ein Stückchen weiter vor.

Plötzlich springt die Katze auf und landet mit gestreckten Vorderbeinen im Gras. Man hört ein kurzes Fiepen, und schon hat sie die kleine Maus im Maul. „Die Maus hatte nicht die Spur einer Chance“, stellt Tina fest. „Du weißt ja, wie spitz die Zähne und Krallen einer Katze sind.“

(153 Wörter)

Bewertungsschlüssel:

0–1,5	Fehler:	Note 1
2,0–4,0	Fehler:	Note 2
4,5–6,5	Fehler:	Note 3
7,0–9,0	Fehler:	Note 4
9,5–12,0	Fehler:	Note 5
12,5–	Fehler:	Note 6

6.

Jahrgangsstufe

Wir bereiten das Weitererzählen einer Erlebniserzählung vor

Wenn wir eine Geschichte weitererzählen wollen, müssen wir uns zunächst darüber klar werden, **wo wir eigentlich innerhalb der Geschichte stehen.**
An welcher Stelle im Ablauf einer Erlebniserzählung befinden wir uns?

Wir stecken meist „________________“ der Geschichte. Die Erzählung beginnt mit einer Einleitung, anschließend entwickelt sich der erste Teil der Geschichte.

Nun kommen wir an einen Punkt, von dem aus sich die Geschichte ganz unterschiedlich weiterentwickeln kann. Sie strebt auf einen ________________ zu und klingt mit dem ________________ aus. An der oben markierten Stelle kommt es jetzt auf dich an: Was kannst du aus der Geschichte machen? Welche Ideen kommen dir in den Sinn?

Um deine Ideen nun richtig zur Geltung zu bringen, solltest du einige sprachliche Bedingungen beachten, die deine Geschichte noch besser machen:

1. Verwende aussagekräftige Verben:

____________ statt „machen“; ____________ statt „sagen“; ____________ statt „gehen“,

____________ statt „sauber machen“; ____________ statt „sprechen“

2. Verwende aussagekräftige Adjektive:

____________ statt „dumm“; ____________ statt „ganz“; ____________ statt „klein“;

____________ statt „fest“; ____________ statt „groß“; ____________ statt „kaputt“;

3. Verwende die wörtliche Rede:

________________________, rief Steffen. Maria schrie: ________________

Der Schluss gibt einen Rückblick auf die Erzählung, rundet sie ab, ermöglicht eine persönliche Meinung, einen Wunsch, einen Ausblick in die Zukunft, z. B.:
Das war gerade noch einmal gut gegangen. Einen solchen Fehler werde ich sicher nicht mehr begehen.

Wir bereiten das Weitererzählen einer Erlebniserzählung vor

Wenn wir eine Geschichte weitererzählen wollen, müssen wir uns zunächst darüber klar werden, **wo wir eigentlich innerhalb der Geschichte stehen.**
An welcher Stelle im Ablauf einer Erlebniserzählung befinden wir uns?

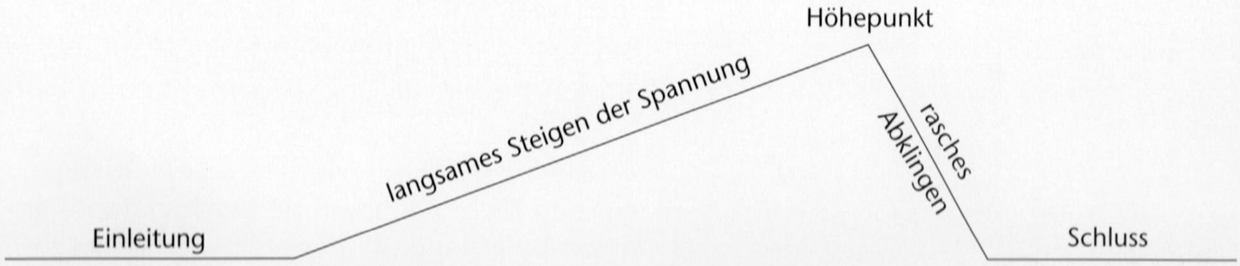

Wir stecken meist „ **in der Mitte** “ der Geschichte. Die Erzählung beginnt mit einer Einleitung, anschließend entwickelt sich der erste Teil der Geschichte.

Nun kommen wir an einen Punkt, von dem aus sich die Geschichte ganz unterschiedlich weiterentwickeln kann. Sie strebt auf einen **Höhepunkt** zu und klingt mit dem **Schluss** aus. An der oben markierten Stelle kommt es jetzt auf dich an: Was kannst du aus der Geschichte machen? Welche Ideen kommen dir in den Sinn?

Um deine Ideen nun richtig zur Geltung zu bringen, solltest du einige sprachliche Bedingungen beachten, die deine Geschichte noch besser machen:

1. Verwende aussagekräftige Verben:

reparieren statt „machen“; **rufen** statt „sagen“; **bummeln** statt „gehen“,
schrubben statt „sauber machen“; **erwidern** statt „sprechen“

2. Verwende aussagekräftige Adjektive:

unüberlegt statt „dumm“; **lückenlos** statt „ganz“; **winzig** statt „klein“;
zäh statt „fest“; **riesig** statt „groß“; **wackelig** statt „kaputt“;

3. Verwende die wörtliche Rede:

„Ich rufe dich später an“, rief Steffen. Maria schrie: **„Pass auf!“**

Der Schluss gibt einen Rückblick auf die Erzählung, rundet sie ab, ermöglicht eine persönliche Meinung, einen Wunsch, einen Ausblick in die Zukunft, z. B.:
Das war gerade noch einmal gut gegangen. Einen solchen Fehler werde ich sicher nicht mehr begehen.

Eine Erlebniserzählung weitererzählen

Und was jetzt?

Markus und seine Schwester Sophie hatten ihrer Tante versprochen, sie während der Sommerferien zu besuchen. Sie nahmen sich vor, bei schönem Wetter eine kleine Radtour zu starten und in das ca. 10 km entfernte Dorf zu radeln.
An einem sonnigen Morgen machten sie sich auf den Weg, nachdem sie bei ihrer Tante angerufen hatten und ihr mitteilten, dass sie zum Mittagessen „auftauchen" würden. Ihre Handys ließen sie zu Hause.
Dass sich dies als Fehler erweisen würde, konnten sie in diesem Moment noch nicht ahnen. Markus schlug seiner Schwester vor: „Komm, wir fahren durch den Wald! Auf dem Radweg ist es zu langweilig!" Eine halbe Stunde später bogen sie bereits in den Waldweg ein. „Hoffentlich kennst du den Weg", meinte Sophie, aber Markus versprach: „Keine Bange, ich kenne mich aus!" Zunächst ging es flott voran, doch irgendwie musste Markus einen Denkfehler begangen haben. Nachdem sie einige Male die Richtung geändert hatten, wurde der Weg immer schmaler und endete dann mitten im Wald. „Wenn wir jetzt noch ein kurzes Stück geradeaus laufen, müssten wir wieder auf die Verbindungsstraße kommen, auf der wir dann weiterfahren können", war sich Markus sicher. Sophie schob ihr Rad schweigend nebenher, aber dann plötzlich lichtete sich der Wald und sie freute sich, dass ihr Bruder Recht behalten hatte – die Straße war bereits zu sehen.
Einen Fehler hatte Markus aber gemacht; das bemerkten sie aber erst, als sie aus dem Wald heraustraten. Ein kleines Stück vor ihnen floss ein breiter Bach, nur leider war weit und breit keine Brücke zu sehen. Sie schauten sich an, und jedem stand die Frage ins Gesicht geschrieben: „Und was jetzt?"

Überlege mit deinem Nachbarn, wie die Geschichte weitergehen könnte!
Arbeitet mit einem Erzählplan:

1. Überlegt, welche Möglichkeiten es für den Fortgang der Geschichte gibt (z. B. wie die Personen handeln könnten). Entscheidet euch für eine Möglichkeit. Schreibt euere Entscheidung auf.

2. Überlegt, was dann passieren könnte. Dabei kommt ihr wieder an einen Entscheidungspunkt. Notiert euere Entscheidung.

3. Durchdenkt auf diese Weite die gesamte Geschichte. Haltet die einzelnen Erzählschritte fest, und entwerft so einen Erzählplan.

4. Geht nun mithilfe eueres Erzählplans in Gedanken die Geschichte durch: Ist sie stimmig? Fehlt etwas?

5. Schreibt die Geschichte anhand euerer Notizen auf!

Beachte die beteiligten Personen und die besonderen Umstände! Verwende die wörtliche Rede, wenn du wiedergibst, was Markus und Sophie dachten.

Was dachte Markus?

„Was sollen wir jetzt machen?"

Was dachte Sophie?

„Wir müssen umkehren!"

Problem Bach und die Folgen:

Wie kommen Markus und Sophie über den Bach? Wie tief ist der Bach?

Problem Zeit und die Folgen:

Sie werden zu spät zum Mittagessen kommen. Die Tante wird sich Sorgen machen, wenn sie zu spät kommen.

Entwickle nun einen Erzählplan, und schreibe die Geschichte zu Ende!
Du kannst den Vorschlag annehmen, kannst aber auch andere Wege gehen.

Markus und Sophie stehen vor dem Bach.

Sie wollen den Bach überwinden.

Sie suchen eine Brücke.

Sprachbilder helfen beim Weitererzählen

______________________ ______________________ ______________________

______________________ ______________________ ______________________

Welche Redewendungen kannst du erkennen? Was ist damit gemeint?

In unserer Sprache gibt es viele ____________________. Die Anwendung sprachlicher Bilder hilft oft, Texte ____________________ und ____________________ zu gestalten. Beim Weitererzählen von Geschichten kannst du sie gezielt einsetzen.

Ordne den Sprachbildern die jeweilige Bedeutung zu!

1 – der Anfang vom Ende	_____	– etwas planen, vorhaben
2 – sich schwarzärgern	_____	– mit etwas Glück haben
3 – Au Backe!	_____	– sich maßlos ärgern
4 – Da musst du schon früher aufstehen!	_____	– Du musst dir schon etwas Besseres einfallen lassen!
5 – das Auge des Gesetzes	_____	– die Beziehung abbrechen
6 – etwas ins Auge fassen	_____	– Der Untergang ist nicht mehr fern.
7 – das große Los ziehen	_____	– Ausruf unangenehmer Überraschung
8 – jemandem den Laufpass geben	_____	– das Wichtigste
9 – Luftschlösser bauen	_____	– sich nicht trauen, etwas zu sagen
10 – den großen Mann markieren	_____	– überhaupt nichts sagen
11 – den Mund nicht aufbekommen	_____	– angeben
12 – kein Sterbenswörtchen sagen	_____	– unrealistische Pläne machen
13 – der Nabel der Welt	_____	– die Polizei

Sprachbilder helfen beim Weitererzählen

sich etwas hinter die Ohren schreiben

jemanden an der Nase herumführen

jemanden auf den Arm nehmen

Welche Redewendungen kannst du erkennen? Was ist damit gemeint?

In unserer Sprache gibt es viele **Sprachbilder**. Die Anwendung sprachlicher Bilder hilft oft, Texte **treffender** und **lebendiger** zu gestalten. Beim Weitererzählen von Geschichten kannst du sie gezielt einsetzen.

Ordne den Sprachbildern die jeweilige Bedeutung zu!

1 – der Anfang vom Ende	**6**	– etwas planen, vorhaben
2 – sich schwarzärgern	**7**	– mit etwas Glück haben
3 – Au Backe!	**2**	– sich maßlos ärgern
4 – Da musst du schon früher aufstehen!	**4**	– Du musst dir schon etwas Besseres einfallen lassen!
5 – das Auge des Gesetzes	**8**	– die Beziehung abbrechen
6 – etwas ins Auge fassen	**1**	– Der Untergang ist nicht mehr fern.
7 – das große Los ziehen	**3**	– Ausruf unangenehmer Überraschung
8 – jemandem den Laufpass geben	**13**	– das Wichtigste
9 – Luftschlösser bauen	**11**	– sich nicht trauen, etwas zu sagen
10 – den großen Mann markieren	**12**	– überhaupt nichts sagen
11 – den Mund nicht aufbekommen	**10**	– angeben
12 – kein Sterbenswörtchen sagen	**9**	– unrealistische Pläne machen
13 – der Nabel der Welt	**5**	– die Polizei

Vorgangsbeschreibung – Gliederung und Kurzform

Wie bereitet man einen Schokoladenpudding zu? – Gliederung

A. Einleitung: Ein Schokoladenpudding ist eine beliebte Nachspeise.

B. Hauptteil
1. Vorbereitung
2. Durchführung

C. Schluss: Eine Garnierung macht ihn auch zu einem optischen Leckerbissen.

Wie bereitet man einen Schokoladenpudding zu? – Kurzbeschreibung

- Zutaten: Puddingpulver für 500 ml (½ l) Milch
  4 gehäufte Esslöffel (50 g) Zucker
  60 g Cantuccini (Mandelgebäck)
- Zubereitung:

1. Puddingpulver mit 4 gehäuften Esslöffeln (50 g) Zucker mischen. Nach und nach mit mindestens 6 Esslöffeln von ½ Liter Milch glatt rühren.

2. Übrige Milch aufkochen, von der Kochstelle nehmen, angerührtes Pulver einrühren.

3. Pudding unter Rühren mindestens 1 Minute kochen lassen.

4. Pudding in eine Schale oder kalte Sturzform füllen. Vor dem Stürzen mindestens 4 Stunden in den Kühlschrank stellen.

- Garnierung: 60 g Cantuccini zerbröseln und auf den Pudding streuen.

Vorgangsbeschreibung – Gestaltungshilfen

Wie bereitet man einen Schokoladenpudding zu? – Gliederung

Beschreibe anhand der Kurzbeschreibung den Kochvorgang! Ergänze den Text durch folgende Wörter:

notwendigen – Sturzformen – Topf – Zutaten – stürzen – im Anschluss daran – optisch – Puddingpulver – gerührt – Kochstelle – stetig – kochen – ausgespülte – garniert – nun – ausgezeichnet

Ein Schokoladenpudding ist eine beliebte Nachspeise, die sowohl Erwachsenen wie auch Kindern immer wieder ______________ schmeckt.

Wenn man Schokoladenpudding kochen will, richtet man zunächst die ______________ Arbeitsmaterialien und die Zutaten her.

Man benötigt eine Schale für das ______________, einen ______________ für die Milch, einen Schneebesen zum Umrühren des Pulvers und eine oder mehrere ______________.

Als ______________ benötigt man Puddingpulver, 50 g Zucker, ½ Liter Milch und 60 g Cantuccini.

______________ kann man beginnen. Zunächst mischt man das Puddingpulver mit 4 gehäuften Esslöffeln Zucker. Anschließend wird diese Mischung mit mindestens 6 Esslöffeln von ½ l kalter Milch glatt ______________.

Jetzt wird die übrige Milch aufgekocht, von der ______________ genommen und das angerührte Pulver eingerührt. Jetzt muss man den Pudding, indem man ______________ weiterrührt, mindestens eine Minute ______________ lassen.

______________ wird der Pudding in eine Schale oder eine kalt ______________ Sturzform gefüllt. Damit man den Pudding später ______________ kann, muss man ihn mindestens vier Stunden in den Kühlschrank stellen.

Ehe man den Pudding als Nachspeise serviert, ______________ man ihn noch mit 60 g zerbröselten Cantuccini. Das macht ihn auch ______________ zu einem Leckerbissen.

Vorgangsbeschreibung – Gestaltungshilfen

Wie bereitet man einen Schokoladenpudding zu? – Gliederung

Beschreibe anhand der Kurzbeschreibung den Kochvorgang! Ergänze den Text durch folgende Wörter:

notwendigen – Sturzformen – Topf – Zutaten – stürzen – im Anschluss daran – optisch – Puddingpulver – gerührt – Kochstelle – stetig – kochen – ausgespülte – garniert – nun – ausgezeichnet

Ein Schokoladenpudding ist eine beliebte Nachspeise, die sowohl Erwachsenen wie auch Kindern immer wieder **ausgezeichnet** schmeckt.

Wenn man Schokoladenpudding kochen will, richtet man zunächst die **notwendigen** Arbeitsmaterialien und die Zutaten her.

Man benötigt eine Schale für das **Puddingpulver**, einen **Topf** für die Milch, einen Schneebesen zum Umrühren des Pulvers und eine oder mehrere **Sturzformen**.

Als **Zutaten** benötigt man Puddingpulver, 50 g Zucker, ½ Liter Milch und 60 g Cantuccini.

Nun kann man beginnen. Zunächst mischt man das Puddingpulver mit 4 gehäuften Esslöffeln Zucker. Anschließend wird diese Mischung mit mindestens 6 Esslöffeln von ½ l kalter Milch glatt **gerührt**.

Jetzt wird die übrige Milch aufgekocht, von der **Kochstelle** genommen und das angerührte Pulver eingerührt. Jetzt muss man den Pudding, indem man **stetig** weiterrührt, mindestens eine Minute **kochen** lassen.

Im Anschluss daran wird der Pudding in eine Schale oder eine kalt **ausgespülte** Sturzform gefüllt. Damit man den Pudding später **stürzen** kann, muss man ihn mindestens vier Stunden in den Kühlschrank stellen.

Ehe man den Pudding als Nachspeise serviert, **garniert** man ihn noch mit 60 g zerbröselten Cantuccini. Das macht ihn auch **optisch** zu einem Leckerbissen.

Eine Spielanleitung schreiben

Spiele, Spiele, Spiele

Gesellschaftsspiele, Kartenspiele, Glücksspiele, Würfelspiele, Zimmerspiele, Sportspiele, Partyspiele, Spiele für Kinderfeste, Geschicklichkeitsspiele, Computerspiele, Ratespiele, Wissensspiele – die Zahl der verschiedenen Spielarten ist riesig groß. Aber jeder, der ein Spiel mitspielen will, muss zunächst wissen, wie das Spiel abläuft, wer teilnimmt, wie man gewinnt – er braucht eine Spielanleitung. Wie sieht nun eine solche Spielanleitung aus?

„Hohe Hausnummer"

Stelle die folgenden Sätze zu einer Spielanleitung zusammen!

Die drei Augenzahlen eines Wurfes müssen zu einer möglichst hohen Zahl („Hausnummer") zusammengestellt werden. – Es können beliebig viele Spieler daran teilnehmen. – Sieger ist derjenige, der die höchste „Hausnummer" in einem Durchgang geworfen hat. – Bei diesem Spiel handelt es sich um ein Würfelspiel. – Die Spieler würfeln reihum mit allen Würfeln gleichzeitig. – Wird z. B. eine „2", eine „3" und eine „5" gewürfelt, ist „532" die höchste „Hausnummer" – Benötigt werden dazu drei Würfel.

____

____

____

____

____

____

____

____

____

Ergänze aus dem Text, welche Elemente eine Spielanleitung enthalten muss!

Diese Elemente gehören in eine Spielanleitung:

1. Art des Spiels: ______________________________
2. Teilnehmer: ______________________________
3. Material: ______________________________
4. Spielablauf: ______________________________
5. Gewinner: ______________________________

Eine Spielanleitung schreiben

Spiele, Spiele, Spiele

Gesellschaftsspiele, Kartenspiele, Glücksspiele, Würfelspiele, Zimmerspiele, Sportspiele, Partyspiele, Spiele für Kinderfeste, Geschicklichkeitsspiele, Computerspiele, Ratespiele, Wissensspiele – die Zahl der verschiedenen Spielarten ist riesig groß. Aber jeder, der ein Spiel mitspielen will, muss zunächst wissen, wie das Spiel abläuft, wer teilnimmt, wie man gewinnt – er braucht eine Spielanleitung. Wie sieht nun eine solche Spielanleitung aus?

„Hohe Hausnummer"

Stelle die folgenden Sätze zu einer Spielanleitung zusammen!

Die drei Augenzahlen eines Wurfes müssen zu einer möglichst hohen Zahl („Hausnummer") zusammengestellt werden. – Es können beliebig viele Spieler daran teilnehmen. – Sieger ist derjenige, der die höchste „Hausnummer" in einem Durchgang geworfen hat. – Bei diesem Spiel handelt es sich um ein Würfelspiel. – Die Spieler würfeln reihum mit allen Würfeln gleichzeitig. – Wird z. B. eine „2", eine „3" und eine „5" gewürfelt, ist „532" die höchste „Hausnummer" – Benötigt werden dazu drei Würfel.

Bei diesem Spiel handelt es sich um ein Würfelspiel. Es können beliebig viele Spieler daran teilnehmen. Benötigt werden dazu drei Würfel. Die Spieler würfeln reihum mit allen Würfeln gleichzeitig. Die drei Augenzahlen eines Wurfes müssen zu einer möglichst hohen Zahl („Hausnummer") zusammengestellt werden. Wird z. B. eine „2", eine „3" und eine „5" gewürfelt, ist „532" die höchste „Hausnummer". Sieger ist derjenige, der die höchste „Hausnummer" in einem Durchgang geworfen hat.

Ergänze aus dem Text, welche Elemente eine Spielanleitung enthalten muss!

Diese Elemente gehören in eine Spielanleitung:

1. Art des Spiels: **Würfelspiel**
2. Teilnehmer: **beliebig**
3. Material: **3 Würfel**
4. Spielablauf: **reihum würfeln, „Hausnummer" bestimmen**
5. Gewinner: **derjenige, der die höchste Zahl würfelt**

Eine Spielanleitung schreiben – Musterlösung

„Mühle" – ein beliebtes Gesellschaftsspiel

Bei diesem Spiel handelt es sich um ein Brettspiel, bei dem sich zwei Spieler gegenüberstehen. Man benötigt die Spielplanseite „Mühle", 9 weiße und 9 schwarze Steine. Zuerst wird ausgelost, wer die weißen und wer die schwarzen Steine bekommt. Der Spieler mit den weißen Steinen darf beginnen.
Jeder Spieler versucht, seine Steine so zu setzen, dass er eine „Mühle" bekommt.
Eine „Mühle" hat man erreicht, wenn man drei eigene Steine in einer geraden Linie auf drei Punkten nebeneinander platzieren kann. Es gewinnt derjenige, der seinem Gegner 7 Steine wegnehmen kann, sodass dieser selbst keine „Mühle" mehr zustande bringt.
In der Anfangsphase des Spieles setzen die Spieler ihre 9 Steine auf freie Punkte des Spielplanes. Gesetzt wird abwechselnd je ein weißer, dann ein schwarzer Stein.
Als Punkt gilt die Stelle, wo sich zwei Linien im rechten Winkel berühren oder kreuzen.
Sobald die 2 × 9 Steine gesetzt sind, beginnt das Ziehen. Da „Weiß" mit dem Setzen begonnen hat, ist „Weiß" auch zuerst mit dem Ziehen an der Reihe. Die Spieler schieben grundsätzlich im Wechsel je einen eigenen Stein. Jeder versucht nun, eine „Mühle" zu bekommen. Immer wenn ein Spieler mit dem letzten der drei Steine eine „Mühle" schließen kann, darf er einen Stein des Gegners aus dem Spiel nehmen.
Gelingt es einem Spieler, zwei Mühlen nebeneinander aufzubauen, wobei sich durch einen gemeinsamen Stein in jedem Zug eine der beiden „Mühlen" schließen lässt, so besitzt er eine „Zwickmühle". Mit einer „Zwickmühle" darf man in jedem Zug dem Gegner einen Stein nehmen, ohne dass er sich wehren kann.
Ein Spieler, der nur noch 3 Steine besitzt, darf bei jedem Zug mit einem seiner 3 Steine springen, d. h. er darf einen der 3 Steine auf einen beliebigen freien Punkt setzen. Dadurch fällt es leichter, „Mühlen" aufzubauen.
Der Spieler, der nur noch zwei Steine besitzt, kann keine „Mühle" mehr bauen und verliert das Spiel.

So wird eine Spielanleitung geschrieben:

- Schreibe möglichst ____________________ und ____________________!
- Als Zeitstufe verwendest du die ____________________!
- Beschränke dich auf die Informationen, die für ____________________ nötig sind.
- Halte dich an eine klare Gliederung:

  1. ____________________
  2. ____________________
  3. ____________________
  4. ____________________
  5. ____________________

Eine Spielanleitung schreiben – Musterlösung

„Mühle" – ein beliebtes Gesellschaftsspiel

Bei diesem Spiel handelt es sich um ein Brettspiel, bei dem sich zwei Spieler gegenüberstehen. Man benötigt die Spielplanseite „Mühle", 9 weiße und 9 schwarze Steine. Zuerst wird ausgelost, wer die weißen und wer die schwarzen Steine bekommt. Der Spieler mit den weißen Steinen darf beginnen.
Jeder Spieler versucht, seine Steine so zu setzen, dass er eine „Mühle" bekommt.
Eine „Mühle" hat man erreicht, wenn man drei eigene Steine in einer geraden Linie auf drei Punkten nebeneinander platzieren kann. Es gewinnt derjenige, der seinem Gegner 7 Steine wegnehmen kann, sodass dieser selbst keine „Mühle" mehr zustande bringt.
In der Anfangsphase des Spieles setzen die Spieler ihre 9 Steine auf freie Punkte des Spielplanes. Gesetzt wird abwechselnd je ein weißer, dann ein schwarzer Stein.
Als Punkt gilt die Stelle, wo sich zwei Linien im rechten Winkel berühren oder kreuzen.
Sobald die 2 × 9 Steine gesetzt sind, beginnt das Ziehen. Da „Weiß" mit dem Setzen begonnen hat, ist „Weiß" auch zuerst mit dem Ziehen an der Reihe. Die Spieler schieben grundsätzlich im Wechsel je einen eigenen Stein. Jeder versucht nun, eine „Mühle" zu bekommen. Immer wenn ein Spieler mit dem letzten der drei Steine eine „Mühle" schließen kann, darf er einen Stein des Gegners aus dem Spiel nehmen.
Gelingt es einem Spieler, zwei Mühlen nebeneinander aufzubauen, wobei sich durch einen gemeinsamen Stein in jedem Zug eine der beiden „Mühlen" schließen lässt, so besitzt er eine „Zwickmühle". Mit einer „Zwickmühle" darf man in jedem Zug dem Gegner einen Stein nehmen, ohne dass er sich wehren kann.
Ein Spieler, der nur noch 3 Steine besitzt, darf bei jedem Zug mit einem seiner 3 Steine springen, d. h. er darf einen der 3 Steine auf einen beliebigen freien Punkt setzen. Dadurch fällt es leichter, „Mühlen" aufzubauen.
Der Spieler, der nur noch zwei Steine besitzt, kann keine „Mühle" mehr bauen und verliert das Spiel.

So wird eine Spielanleitung geschrieben:

- Schreibe möglichst **sachlich** und **genau**!
- Als Zeitstufe verwendest du die **Gegenwart**!
- Beschränke dich auf die Informationen, die für **den Spielablauf** nötig sind.
- Halte dich an eine klare Gliederung:
    1. **Art des Spiels**
    2. **Teilnehmer**
    3. **Material**
    4. **Spielablauf**
    5. **Ende des Spiels (Gewinner/Verlierer)**

„Reise nach Jerusalem" – Spielanleitung

Setze die folgenden Wörter in die Lücken ein, sodass eine brauchbare Spielanleitung entsteht. Was ist das Besondere am letzten Satz?

freien – zwei – Stühle – weniger – Rücken – bis – abbricht – Anzahl – mitten – Partyspiel – scheidet aus – einzigen

Die „Reise nach Jerusalem" ist ein typisches ______________ für beliebig viele Personen. Dazu benötigt werden ein CD-Player und Stühle, die ______________ in einem etwas größeren Raum stehen. Die Zahl der Stühle richtet sich nach der ______________ der Teilnehmer.

Es steht immer ein Stuhl ______________ zur Verfügung als Mitspieler teilnehmen. Die ______________ werden Rücken an ______________ in der Raummitte aufgestellt, und die Musik setzt ein. Die Mitspieler laufen – mit den Händen auf dem Rücken – so lange um die Stühle herum, bis die Person am CD-Player die Musik ______________. Jeder versucht nun, einen ______________ Stuhl zu ergattern. Wer keinen „Untersatz" mehr gefunden hat, ______________ und nimmt den letzten Stuhl aus der Reihe mit.

So fallen im Laufe der Zeit immer mehr Teilnehmer weg, ______________ zum Schluss noch ______________ übrig bleiben, die dann den Sieger ermitteln. Wer als Letzter auf dem ______________ Stuhl sitzt, hat gewonnen.

Besonderheit:

Im letzten Satz wird auch die ______________ verwendet.

„Reise nach Jerusalem" – Spielanleitung

Setze die folgenden Wörter in die Lücken ein, sodass eine brauchbare Spielanleitung entsteht. Was ist das Besondere am letzten Satz?

freien – zwei – Stühle – weniger – Rücken – bis – abbricht – Anzahl – mitten – Partyspiel – scheidet aus – einzigen

Die „Reise nach Jerusalem" ist ein typisches **Partyspiel** für beliebig viele Personen. Dazu benötigt werden ein CD-Player und Stühle, die **mitten** in einem etwas größeren Raum stehen. Die Zahl der Stühle richtet sich nach der **Anzahl** der Teilnehmer.

Es steht immer ein Stuhl **weniger** zur Verfügung als Mitspieler teilnehmen. Die **Stühle** werden Rücken an **Rücken** in der Raummitte aufgestellt, und die Musik setzt ein. Die Mitspieler laufen – mit den Händen auf dem Rücken – so lange um die Stühle herum, bis die Person am CD-Player die Musik **abbricht**. Jeder versucht nun, einen **freien** Stuhl zu ergattern. Wer keinen „Untersatz" mehr gefunden hat, **scheidet aus** und nimmt den letzten Stuhl aus der Reihe mit.

So fallen im Laufe der Zeit immer mehr Teilnehmer weg, **bis** zum Schluss noch **zwei** übrig bleiben, die dann den Sieger ermitteln. Wer als Letzter auf dem **einzigen** Stuhl sitzt, hat gewonnen.

Besonderheit:

Im letzten Satz wird auch die **1. Vergangenheit** *verwendet.*

Sachverhalte wiedergeben – ein Referat vorbereiten

Daniel geht in die Klasse 6b. In den nächsten Wochen wollen die Schüler ein Referat über ein Thema halten, das sie interessiert. Das kann eine Ferienreise sein, ein Bericht über einen Filmstar, ein spannendes Buch, eine sportliche Tätigkeit. Daniel hat ein ganz besonderes Interesse: Sein Vater ist Mitglied im Verein der Schäferhundezüchter und er ist ganz begeistert von diesen Tieren. Deshalb ist sein Referatthema klar: Er will ein Referat über Hunde halten. Nur – wie soll er vorgehen?

So könnte er sein Referat planen:

1. Er schreibt alles auf, was ihm zu diesem Thema einfällt:
   Ergänze das Thema mit Begriffen, die dir dazu noch einfallen würden!

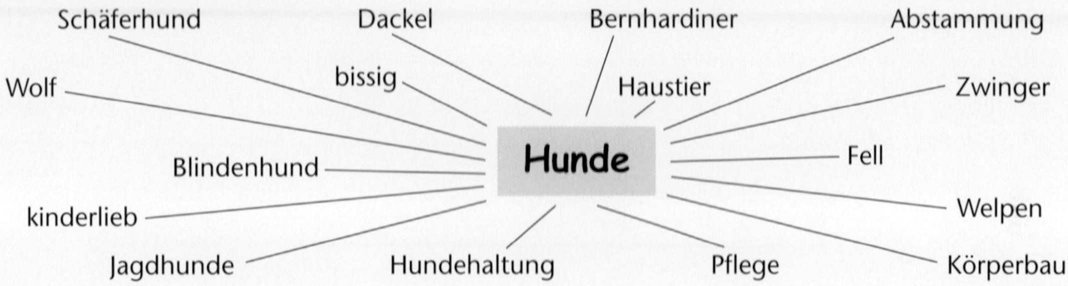

2. Nun macht er sich daran, das Referatthema zu bestimmen:
   Ergänze mit eigenen Themenvorschlägen, die sich aus dieser Sammlung ergeben könnten!
   1. Vom Wolf zum Hund – die Abstammung des Hundes
   2. Der Hund – ein beliebtes Haustier
   3. Die Erziehung des Hundes
   4. Verschiedene Hunderassen
   5. Der Deutsche Schäferhund
   6. Die Eigenschaften eines Hundes
   7. Hunde als Helfer des Menschen (Beispiel: Blindenhund)
   8. ______________________________
   9. ______________________________
   10. ______________________________

3. Nachdem das Thema jetzt geklärt ist, sammelt er Informationen:
   Finde weitere Möglichkeiten, sich über das Thema „Hunde" zu informieren!

   1. Bücher über das Thema Hunde in der Stadtbibliothek, Bücherei ...
   2. Verein der Schäferhundezüchter
   3. Befragen von Daniels Vater
   4. Internet
   5. ______________________________
   6. ______________________________

4. Jetzt wird eine kurze Gliederung erarbeitet. Bei dem Thema „Die Haltung eines Hundes" könnte sie so aussehen:
   Erkläre, was mit den Gliederungspunkten gemeint ist!

   1. Ein Hund ist kein Spielzeug
   2. Hunde brauchen Platz
   3. Hunde brauchen eine Erziehung
   4. Ein Hund als Haustier kostet viel Zeit
   5. Ein Hund kostet Geld

5. Dann muss man die Unterlagen für das Referat zusammenstellen:
   Welche Medien könnte er bei diesem Thema noch verwenden? Denke an alle fünf Sinne!

   1. Tafel mit Bildern eines Hundes, mit Bild eines Zwingers, mit Bildern von der Erziehung eines Hundes, mit Bild einer Hundenahrung ...
   2. Wortkarten, die zu den einzelnen Gliederungspunkten gehören und zu einem Tafelbild entwickelt werden
   3. Farbkreide, um ______________________________
   4. ______________________________
   5. ______________________________
   6. ______________________________

6. Anschließend sollte das Referat eingeübt werden, dazu kann man es seinen Eltern, Freunden usw.vortragen.
   Dringend zu empfehlen ist auch, die Handhabung der Medien in der Klasse vorher zu üben. Dann kann beim Referat nichts schiefgehen.

7. Ein kleiner Stichwortzettel gibt Sicherheit beim Vortrag des Referates!

Sachverhalte wiedergeben – Unterlagen für Referate erstellen

Hier kannst du Material für dein Referat sammeln. Beschreibe kurz die Möglichkeiten!

Folgende Punkte solltest du beachten, wenn du deine Unterlagen vorbereitest:

1. **Folien** müssen gut lesbar sein, auch für den Schüler in der letzten Bank. Schreibe deshalb groß und mit ordentlicher Schrift. Als Farbe eignet sich Schwarz und Blau am besten. Du kannst aber auch den Vordruck am Computer schreiben und dann eine Folie davon erstellen lassen. In diesem Fall musst du aber meist auf die Farbe verzichten.

2. **Wortkarten** müssen gut lesbar sein! Groß schreiben und den Kontrast beachten: dunkle Schrift auf hellem Untergrund!

3. Für das **Tafelbild** die ganze Tafel verwenden. Vorher überlegen, wo und in welcher Größe Wortkarten, Bilder usw. angebracht werden sollen. Wie sollen die Wortkarten usw. befestigt werden? Auf jeden Fall ausprobieren, ehe du das Referat vorträgst! Wenn du selber etwas auf die Tafel schreiben willst, auch Farbkreide verwenden!

4. **Grafiken, Bilder und Statistiken** müssen für das Thema wichtig sein. Keine überflüssigen Spielereien! Aktuelle Zahlen verwenden!

5. Nicht mit **Farben** übertreiben! Allzu bunt verwirrt dein Publikum!

Ein Tafelbild beurteilen

Was ist deine Meinung zu folgenden Tafelbildern? Was ist gut gelungen, was müsste man verbessern?

Ein Interview führen (1)

Frau Leipert ist die Leiterin der Stadtbücherei Donauwörth. Sie steht immer zur Verfügung, wenn Schüler Bücher ausleihen wollen, Informationen für ein Referat brauchen, Spiele ausleihen wollen oder Anregungen für Buchgeschenke benötigen. Die Klasse möchte Frau Leipert befragen, wie sie zu ihrem Beruf gekommen ist, welche Aufgaben in der Bücherei bewältigt werden müssen usw. Zu diesem Zweck bereiten die Schüler ein Interview vor.

Die Durchführung eines Interviews verläuft nach folgendem Muster:

1. Vorbereitung:

- Überlegt euch, welche Person/-en ihr befragen wollt.
- Legt die Fragen fest. Wählt dabei Fragen, die die Person in der vorgesehenen Zeit auch beantworten kann.
  Solche Fragen könnten in diesem Fall sein:

  ____

  ____

  ____

  ____

  ____

  ____

  ____

  ____

- Vereinbart einen Termin.

2. Durchführung:

- Begrüßt eueren Interviewpartner.
- Stellt die Fragen, notiert die Antworten und die zusätzlichen Anmerkungen des Interviewpartners. Eine Aufnahme mit einer Videokamera wäre natürlich eine hervorragende Methode.
- Fotos verdeutlichen die Umgebung, den Arbeitsplatz …
- Bedankt euch für das Interview, und verabschiedet euch.

3. Auswertung:

- Präsentiert das Interview in geeigneter Form (Schülerzeitung, Plakatwand, Elternabend …)

Ein Interview führen (2)

Wenn man ein Interview – wie in unserem Beispiel mit der Leiterin der Bücherei – führen möchte, muss man einige formale Dinge beachten:

1. Terminvereinbarung:

Kreuze an, was deiner Meinung nach sinnvoll ist, und begründe deine Meinung!

○ Die Bitte um einen Termin für ein Interview sollte man schriftlich stellen, da diese Form offizieller wirkt.
○ Die Bitte um einen Termin sollte man in einem Telefongespräch klären, weil sich beide Gesprächspartner besser auf einen Termin einigen können und sonstige Fragen noch geklärt werden können.
○ Den Termin sollte man sich schriftlich bestätigen lassen.

Das Telefonat könnte so beginnen:

○ „Hallo, wir brauchen einen Termin für ein Interview mit Ihnen!"
○ „Sehr geehrte Frau Leipert. Wir rufen Sie an, weil wir Sie interviewen wollen!"
○ „Guten Tag, Frau Leipert. Wir sind Schüler der Klasse 6b der Ludwig-Auer-Schule in Donauwörth und möchten Sie fragen, ob Sie uns ein Interview über Ihre Tätigkeit in der Bücherei geben können …"

Wenn man einen Termin vereinbart hat, könnte das Telefonat so enden:

○ „Und Tschüss!"
○ „Vielen Dank, Frau Leipert. Wir kommen dann wie vereinbart am nächsten Donnerstag um 16.00 Uhr zu Ihnen in die Bücherei."
○ „Vielen Dank, Frau Leipert. Wir schauen, ob es klappt!"

2. Fragestellung:

Welche Art von Fragen sind für ein Interview besser geeignet? Kreuze an, und begründe deine Meinung

○ Wie viele Bücher gibt es in der Bücherei?
○ Können Sie uns etwas über die Medien, die es in der Bücherei gibt, sagen?
○ Wie viele Angestellte arbeiten in der Bücherei?
○ Wer sind Ihre Kollegen?
○ Welche Veranstaltungen finden diese Woche statt?
○ In der Bücherei kann man nicht nur Bücher ausleihen.
○ Können meine Eltern auch Bücher ausleihen?
○ Es gibt sicher viele Personen, die zu Ihnen kommen.
○ Kann man ins Internet?
○ Es gibt eine Computerstation …

Eine Einladung schreiben (1)

Einige Schüler der Klasse 6a nehmen am Instrumentalunterricht teil. In diesem Jahr planen die Schüler zusammen mit ihrem Musiklehrer, Herrn Keller, ein Musiksaalkonzert. Wie der Name schon sagt, wollen Schüler der Ludwig-Auer-Schule mit diesem Konzert ihren Gästen demonstrieren, was sie im Instrumentalunterricht gelernt haben.
Sie wollen Eltern, Lehrer, den Elternbeirat, den Bürgermeister, Vertreter von Firmen und die Rektoren der anderen Schulen der Stadt dazu einladen.

Welche Fragen müssen in der Einladung beantwortet werden, damit sich die eingeladenen Gäste darauf einstellen können? Schreibe sie auf, und finde eine mögliche Antwort:

1. Frage: ______________________

   Antwort: ______________________

2. Frage: ______________________

   Antwort: ______________________

   ____

3. Frage: ______________________

   Antwort: ______________________

4. Frage: ______________________

   Antwort: ______________________

5. Frage: ______________________

   Antwort: ______________________

6. Frage: ______________________

   Antwort: ______________________

Eine Einladung schreiben (1)

Einige Schüler der Klasse 6a nehmen am Instrumentalunterricht teil. In diesem Jahr planen die Schüler zusammen mit ihrem Musiklehrer, Herrn Keller, ein Musiksaalkonzert. Wie der Name schon sagt, wollen Schüler der Ludwig-Auer-Schule mit diesem Konzert ihren Gästen demonstrieren, was sie im Instrumentalunterricht gelernt haben.
Sie wollen Eltern, Lehrer, den Elternbeirat, den Bürgermeister, Vertreter von Firmen und die Rektoren der anderen Schulen der Stadt dazu einladen.

Welche Fragen müssen in der Einladung beantwortet werden, damit sich die eingeladenen Gäste darauf einstellen können? Schreibe sie auf, und finde eine mögliche Antwort:

1. Frage: Zu welchem Ereignis wollen wir einladen?
   Antwort: 1. Musiksaalkonzert der Ludwig-Auer-Schule
2. Frage: Wer spricht die Einladung aus?
   Antwort: Die Schüler der verschiedenen Instrumentalgruppen mit ihrem Lehrer, Herrn Keller
3. Frage: Wann findet das Konzert statt?
   Antwort: Dienstag, 27. Mai 2008, um 19.00 Uhr
4. Frage: Wo findet das Konzert statt?
   Antwort: Musiksaal der Ludwig-Auer-Schule
5. Frage: Sollen sich die Besucher anmelden?
   Antwort: Ja
6. Frage: Wird ein Eintrittsgeld erhoben?
   Antwort: Nein

Eine Einladung schreiben (2)

1. Musiksaalkonzert der Ludwig-Auer-Schule

Die „Musiker" laden ein

Datum:	**27. Mai 2008**
Uhrzeit:	**19.00 Uhr**
Ort:	**Musiksaal der Ludwig-Auer-Schule**
Anmeldung:	**bis 20. Mai 2008 im Sekretariat**
Eintritt:	**frei**

Wir freuen uns auf Ihr Kommen!

So gestaltet ihr eine Einladung:

1. Inhalt:
- Nennt das Ereignis, zu dem ihr einladet.
- Gebt zu erkennen, wer die Einladung ausspricht.
- Nennt Datum, Uhrzeit und Veranstaltungsort.
- Gebt an, ob sich die Besucher anmelden sollen.
- Gebt an, ob ein Eintrittspreis erhoben wird.

2. Form:
- Einladungskarte, -brief, -blatt
- Plakat
- Flyer
- E-Mail
- Zeitungsinserat

3. Gestaltung:
- Tabelle oder fortlaufender Text
- Hervorhebungen (Überschrift, Schriftarten, Farben)
- Einbau von Zeichnungen oder Bildern

Eine Einladung schreiben (3)

Welche Einladungen sind vollständig, bei welchen fehlen wichtige Elemente?

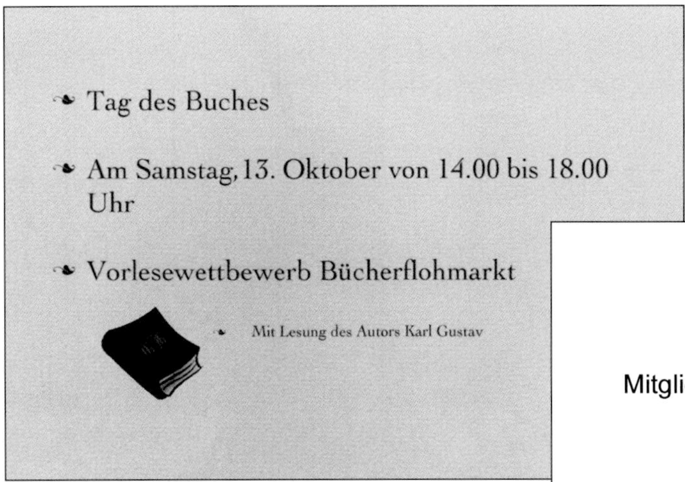

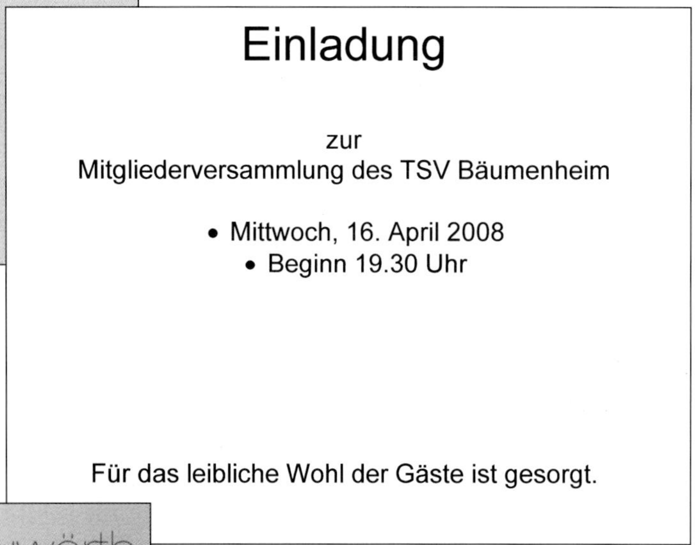

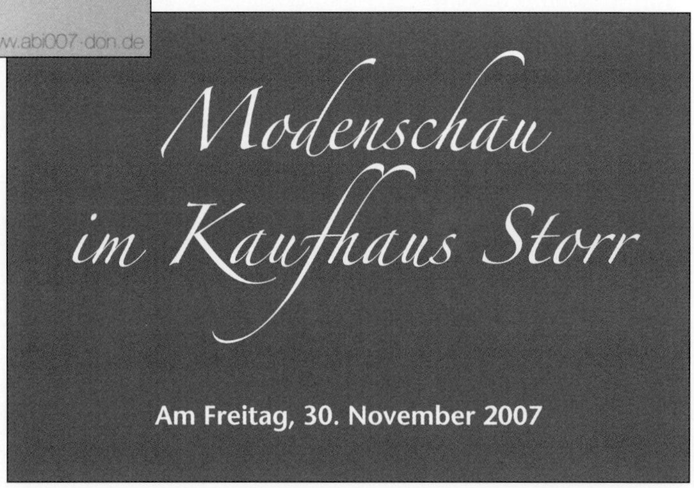

Eine Reklamation schreiben

Michael Müller
Inselstr. 24
76530 Baden-Baden

Baden-Baden, 13. Februar 2008

Zeitbild-Verlag
An der Binnenalster 4
20456 Hamburg

Ihre Lieferung vom 11. Februar 2008 – Kunden-Nr. 286199403
Rechn.-Nr. 55284

Sehr geehrte Damen und Herren,

leider ist Ihnen bei der letzten Lieferung ein Fehler unterlaufen. Ich hatte die DVD „Der Graf von Monte Christo" bestellt (Artikel-Nummer: 4503), erhalten habe ich jedoch die DVD „Titanic". Ich sende Ihnen diese DVD wieder zurück und ziehe die entstehenden Portokosten vom Preis meiner DVD ab. Bitte senden Sie mir die bestellte DVD umgehend zu.

Mit freundlichen Grüßen

Michael Müller

So wird ein Reklamationsbrief geschrieben: (Ergänze die fehlenden Begriffe!)

1. Beachte die äußere Form: ______________________________
2. Schreibe in die erste Zeile, ______________________ (Betreff)!
3. Der Brief beginnt mit einer ______________________.
4. Stelle den ________________ dar!
5. Formuliere deine ________________ oder einen Änderungswunsch!
6. Der Brief endet mit einer ____________________.

Eine Reklamation schreiben

Michael Müller
Inselstr. 24
76530 Baden-Baden

Baden-Baden, 13. Februar 2008

Zeitbild-Verlag
An der Binnenalster 4
20456 Hamburg

Ihre Lieferung vom 11. Februar 2008 – Kunden-Nr. 286199403
Rechn.-Nr. 55284

Sehr geehrte Damen und Herren,

leider ist Ihnen bei der letzten Lieferung ein Fehler unterlaufen. Ich hatte die DVD „Der Graf von Monte Christo" bestellt (Artikel-Nummer: 4503), erhalten habe ich jedoch die DVD „Titanic". Ich sende Ihnen diese DVD wieder zurück und ziehe die entstehenden Portokosten vom Preis meiner DVD ab. Bitte senden Sie mir die bestellte DVD umgehend zu.

Mit freundlichen Grüßen

Michael Müller

So wird ein Reklamationsbrief geschrieben: (Ergänze die fehlenden Begriffe!)

1. Beachte die äußere Form: **Absender, Adressat, Ort und Datum!**
2. Schreibe in die erste Zeile, **worum es geht** (Betreff)!
3. Der Brief beginnt mit einer **höflichen Anrede**.
4. Stelle den **Sachverhalt** dar!
5. Formuliere deine **Forderung** oder einen Änderungswunsch!
6. Der Brief endet mit einer **höflichen Grußformel**.

Alte Märchen neu erzählt

Der faule Jack *(Joseph Jacobs)*

Es war einmal ein Knabe, der hieß Jack und lebte zusammen mit seiner Mutter. Sie waren sehr arm, und die alte Frau musste ihr Leben durch Spinnen verdienen, während Jack so faul war, dass er nichts tat. Im Sommer lag er in der Sonne, im Winter auf der Ofenbank. Darum wurde er der faule Jack genannt.

Seine Mutter konnte ihn nicht dazu bringen, etwas für sie zu tun, aber schließlich riss ihr der Geduldsfaden, und eines Morgens sagte sie ihm, sie würde ihn fortjagen, sich sein Brot zu verdienen, wenn er nicht anfinge, für seinen Lebensunterhalt zu arbeiten.
Das rüttelte Jack auf, und er ging aus und verdingte sich für den nächsten Tag bei einem benachbarten Bauern für einen Penny; da er aber niemals zuvor Geld gehabt hatte, verlor er den Penny auf dem Heimweg, als er über eine Brücke ging. „Du dummer Junge", sagte seine Mutter. „Hättest du ihn doch in deine Tasche gesteckt." – „Nächstes Mal werde ich es so machen", antwortete Jack.

Am Mittwoch ging Jack wieder weg und verdingte sich bei einem Kuhhirten; der gab ihm für seine Arbeit einen Krug Milch. Jack nahm den Krug und steckte ihn in seine große Jackentasche, wo er alles verschüttete, ehe er heimkam. „Lieber Gott!", sagte die alte Frau. „Du hättest ihn auf dem Kopf tragen sollen." – „Nächstes Mal werde ich es so machen", sagte Jack.

Am Donnerstag verdingte Jack sich wieder bei einem Bauern; der gab ihm für seine Dienste einen Sahnekäse. Am Abend also nahm Jack den Käse und trug ihn auf dem Kopf heim. Bis er nach Hause kam, war der Käse vollständig verdorben.
„Du dummer Kerl", sagte seine Mutter, „du hättest ihn sorgfältig in der Tasche tragen sollen." – „Nächstes Mal werde ich es so machen", antwortete Jack.

Alte Märchen neu erzählt

Am Freitag ging der faule Jack wieder aus und verdingte sich bei einem Bäcker. Der wollte ihm für seine Dienste nichts geben als einen großen Kater. Jack nahm den Kater und trug ihn sorgsam in den Händen fort, aber es dauerte nicht lange, so kratzte ihn der Kater so sehr, dass er ihn laufen lassen musste. Als er heimkam, sagte seine Mutter zu ihm: „Du Tölpel, du hättest ihn an einen Strick binden sollen und hinter dir herziehen." – „Das nächste Mal werde ich es so machen", sagte Jack.

Am Sonnabend nun verdingte sich Jack bei einem Metzger; der gab ihm zum Lohne eine schöne Hammelkeule. Jack nahm die Keule, band sie an einen Strick und zog sie hinter sich her durch den Schmutz, sodass das Fleisch vollständig verdorben war, bis er heimkam. Dieses Mal riss der Mutter der Geduldsfaden, denn der nächste Tag war Sonntag und statt des schönen Bratens blieb ihr nichts anders übrig, als Kohl zu kochen. „Du vernagelter Trottel", sagte sie zu ihrem Sohn, „du hättest das Fleisch auf deiner Schulter tragen müssen." – „Nächstes Mal werde ich es so machen", erwiderte Jack.

Am nächsten Morgen ging der faule Jack wieder aus und verdingte sich bei einem Viehhändler, der ihm für seine Mühe einen Esel gab. Jack fand es sehr beschwerlich, den Esel auf seine Schultern zu heben, aber zuletzt gelang es ihm doch, und er ging langsam heim mit seinem Lohn.

Alte Märchen neu erzählt

Nun begab es sich, dass an dem Weg, den er einschlug, ein reicher Mann wohnte; der hatte eine einzige Tochter, ein schönes Mädchen, das aber taub und stumm war.
Sie hatte noch niemals in ihrem Leben gelacht, und die Ärzte sagten, dass sie nicht eher sprechen würde, bis es jemandem gelänge, sie zum Lachen zu bringen.
Nun sah das junge Mädchen gerade zum Fenster hinaus, als Jack vorüberging mit dem Esel auf der Schulter, der die Beine in die Luft streckte. Und dieser Anblick war so komisch und sonderbar, dass sie in ein großes Gelächter ausbrach und augenblicklich Sprache und Gehör wiederfand.
Ihr Vater war überglücklich und erfüllte sein Versprechen, indem er sie dem faulen Jack zur Frau gab; so wurde der ein reicher Mann.
Sie lebten in einem großen Haus, und Jacks Mutter mit ihnen, glücklich und zufrieden, bis sie starben.

Das Märchen stammt aus der Feder von Joseph Jacobs. Er erzählt das Märchen aus seiner Sicht und schildert die Vorgänge und den Ablauf der Geschichte.
Du kannst nun die Erzählperspektive verändern und aus der Sicht der anderen Personen berichten.

Nenne die Personen, die die Geschichte aus ihrer Sicht erzählen können.
Gib an, welche davon die ganze Geschichte und welche nur einen Teil erzählen können!

1. ______________________
2. ______________________
3. ______________________
4. ______________________
5. ______________________
6. ______________________
7. ______________________
8. ______________________
9. ______________________
10. ______________________

Wähle nun eine dieser Personen aus, und erzähle die Geschichte aus ihrer Perspektive! Der Erzähler schreibt in der ICH-Form!

Alte Märchen neu erzählt

Nun begab es sich, dass an dem Weg, den er einschlug, ein reicher Mann wohnte; der hatte eine einzige Tochter, ein schönes Mädchen, das aber taub und stumm war.
Sie hatte noch niemals in ihrem Leben gelacht, und die Ärzte sagten, dass sie nicht eher sprechen würde, bis es jemandem gelänge, sie zum Lachen zu bringen.
Nun sah das junge Mädchen gerade zum Fenster hinaus, als Jack vorüberging mit dem Esel auf der Schulter, der die Beine in die Luft streckte. Und dieser Anblick war so komisch und sonderbar, dass sie in ein großes Gelächter ausbrach und augenblicklich Sprache und Gehör wiederfand.
Ihr Vater war überglücklich und erfüllte sein Versprechen, indem er sie dem faulen Jack zur Frau gab; so wurde der ein reicher Mann.
Sie lebten in einem großen Haus, und Jacks Mutter mit ihnen, glücklich und zufrieden, bis sie starben.

Das Märchen stammt aus der Feder von Joseph Jacobs. Er erzählt das Märchen aus seiner Sicht und schildert die Vorgänge und den Ablauf der Geschichte.
Du kannst nun die Erzählperspektive verändern und aus der Sicht der anderen Personen berichten.

Nenne die Personen, die die Geschichte aus ihrer Sicht erzählen können.
Gib an, welche davon die ganze Geschichte und welche nur einen Teil erzählen können!

1. **die Mutter (ganze Geschichte)**
2. **der Sohn (ganze Geschichte)**
3. **der reiche Mann (Teil der Geschichte)**
4. **die Tochter des reichen Mannes (Teil der Geschichte)**
5. **der erste Bauer (Teil der Geschichte)**
6. **der Kuhhirte (Teil der Geschichte)**
7. **der zweite Bauer (Teil der Geschichte)**
8. **der Bäcker (Teil der Geschichte)**
9. **der Metzger (Teil der Geschichte)**
10. **der Viehhändler (Teil der Geschichte)**

Wähle nun eine dieser Personen aus, und erzähle die Geschichte aus ihrer Perspektive! Der Erzähler schreibt in der ICH-Form!

Das Präsens - drei Möglichkeiten

Schultaschen gesucht!

Bis Ende Oktober heißt es noch: Ranzen her! Schüler sammeln auch heuer wieder ausgediente Schultaschen, um sie einem guten Zweck zur Verfügung zu stellen. Im Vorjahr sind die Veranstalter ganz besonders stolz: 1.144 Ranzen kommen zusammen. Am Ende des Jahres übergeben die Schüler die Schultaschen einer sozialen Einrichtung. Gut erhaltene Ranzen werden dort an Kinder aus Familien mit schmalem Geldbeutel ausgegeben.

In diesem Text übernimmt das Präsens drei verschiedene Aufgaben. Schreibe jeweils die dazugehörenden Beispielsätze aus dem Text heraus, und unterstreiche das Verb im Präsens!

1. Das Präsens bringt üblicherweise zum Ausdruck, was in der **Gegenwart**, also zum Zeitpunkt des Sprechens oder Schreibens, gerade vor sich geht:

___

___

___

___

2. Das Präsens drückt aber auch **Zukünftiges** aus und kann anstatt des Futurs verwendet werden. Um die Zukunft deutlich zu machen, wird eine Zeitangabe eingesetzt:

___

___

___

3. Das Präsens drückt aber auch **Vergangenes** aus. Man verwendet es als historisches Präsens:

___

___

Das Präsens – drei Möglichkeiten

Schultaschen gesucht!

Bis Ende Oktober heißt es noch: Ranzen her! Schüler sammeln auch heuer wieder ausgediente Schultaschen, um sie einem guten Zweck zur Verfügung zu stellen. Im Vorjahr sind die Veranstalter ganz besonders stolz: 1.144 Ranzen kommen zusammen. Am Ende des Jahres übergeben die Schüler die Schultaschen einer sozialen Einrichtung. Gut erhaltene Ranzen werden dort an Kinder aus Familien mit schmalem Geldbeutel ausgegeben.

In diesem Text übernimmt das Präsens drei verschiedene Aufgaben. Schreibe jeweils die dazugehörenden Beispielsätze aus dem Text heraus, und unterstreiche das Verb im Präsens!

1. Das Präsens bringt üblicherweise zum Ausdruck, was in der **Gegenwart**, also zum Zeitpunkt des Sprechens oder Schreibens, gerade vor sich geht:

   Schüler sammeln auch heuer wieder ausgediente Schultaschen, um sie einem guten Zweck zur Verfügung zu stellen. Gut erhaltene Ranzen werden dort an Kinder aus Familien mit schmalem Geldbeutel ausgegeben.

2. Das Präsens drückt aber auch **Zukünftiges** aus und kann anstatt des Futurs verwendet werden. Um die Zukunft deutlich zu machen, wird eine Zeitangabe eingesetzt:

   Bis Ende Dezember heißt es noch: Ranzen her! Am Ende des Jahres übergeben die Schüler die Schultaschen einer sozialen Einrichtung.

3. Das Präsens drückt aber auch **Vergangenes** aus. Man verwendet es als historisches Präsens:

   Im Vorjahr sind die Veranstalter ganz besonders stolz: 1.144 Ranzen kommen zusammen.

Kreatives Schreiben: Elfchen

Ein Elfchen ist ein kurzes Gedicht, das aus elf Wörtern besteht, die in folgender Form auf fünf Zeilen verteilt werden:

Glätte	1. Zeile: 1 Wort
Kurze Tage	2. Zeile: 2 Wörter
Bäche frieren zu	3. Zeile: 3 Wörter
Immer ist es kalt	4. Zeile: 4 Wörter
Winter	5. Zeile: 1 Wort

Das Elfchen kann jedes beliebige Thema zum Inhalt haben. Der Schreiber lässt durch das Elfchen seine Meinung zu einem Thema erkennen.

Beispiel zum Thema „Ferien“:

Ferien
keine Hausaufgaben
nicht aufstehen müssen
sehr lange aufbleiben dürfen
endlich

Beispiel zum Thema „Herbst“:

Nebel
fallende Blätter
warme, dicke Pullis
der Tag endet früher
Herbst

Schreibe ein Elfchen zu folgenden Bildern:

Kreatives Schreiben: Die 100-€-Frage

Wer wird Millionär?

Wer kennt sie nicht, die Sendung von Günther Jauch? Die Kandidaten können mithilfe ihres Wissens und dem Einsatz einiger Joker eine Million Euro gewinnen.
Dabei sind die ersten Fragen bis zur 500-€-Frage relativ einfach.
Eine Frageform taucht dabei immer wieder auf: Gesucht wird ein Begriff, wobei ein Teil des Wortes bei den falschen Antworten eine andere Bedeutung hat.
Kompliziert? Ein Beispiel: Die Frage lautet: Wo kann man sein Auto nicht abstellen?
Das Team um Günther Jauch bietet nun Antworten an, die alle mit dem Wort „Park" beginnen: Parkbucht – Parkplatz – Parkhaus – Parkbank.
Die meisten Kandidaten erraten bei diesen Fragen das richtige Wort: in diesem Fall das Wort „Parkbank".

Erkläre die Entstehung dieser Frage:

Mit welchem Begriff beschreibt man die Traubenernte im Herbst?

A Frühlese **B** Mittaglese **C** Spätlese **D** Abendlese

Wie nennt man einen Kunden, der immer wieder im gleichen Geschäft einkauft?

A Wurzelkunde **B** Blätterkunde **C** Rindenkunde **D** Stammkunde

Entwickle nun auch solche Fragen! Nimm dein Wörterbuch zu Hilfe!

Literarische Texte verstehen

Auszug aus:

Der letzte Schiffsjunge der Baquedano

(Francisco Coloane)

„Herr Kapitän, beim Wachgang haben wir diesen Jungen in der Bunkerkammer am Bug entdeckt. Sonst keine Vorkommnisse", sagte der Wachführer, der vor dem Zweiten Offizier Haltung angenommen hatte. Der Zweite, ein kräftiger, hochgewachsener Korvettenkapitän von etwa vierzig Jahren, runzelte die Stirn. Er war verärgert über diesen ungewöhnlichen Fund, der einen Mangel an Wachsamkeit verriet, die auf jedem Kriegsschiff zu herrschen hat, und barsch fragte er: „Wie heißt du?",„Ich heiße Alejandro Silva Cáceres, ich bin fünfzehn Jahre alt und gehe auf die Mittelschule in Talcahuano", antwortete der Junge erhobenen Hauptes, mit klarer, fester Stimme und respektvollem Ton.

„Warum bist du an Bord gekommen?"

„Ich will Seemann werden. Meine Mutter ist alt, sie wäscht für andere Leute, aber lange kann sie nicht mehr arbeiten. Sie hat alles versucht, um mich auf die Kadettenschule zu bringen, aber es ist uns nicht gelungen. Als ich hörte, dass die Baquedano zu ihrer letzten großen Fahrt ausläuft, konnte ich mich nicht mehr zurückhalten und bin heimlich an Bord gegangen. Ich habe geordnete Verhältnisse hinterlassen, Herr Kapitän, einen Brief an meine Mutter und einen für meine Lehrer, in denen ich sie um Verzeihung bitte."

„Wie bist du an Bord gekommen?", wollte der Kapitän wissen, der jetzt nicht mehr ganz so verärgert war.

„Ein Junge aus dem Hafen, einer von denen, die die Matrosen ‚Pistoleros' nennen und die von dem leben, was sie von den Schiffen bekommen, hat mich in seinem Boot hergerudert. In einem günstigen Moment bin ich an der Ankerkette hochgeklettert und habe mich unter dem Bug versteckt, wo man mich jetzt gefunden hat. Ich weiß, dass Sie mich nicht ins Wasser werfen lassen, Herr Kapitän; ich nehme jede Strafe auf mich, aber lassen Sie mich bitte an Bord bleiben. Ich möchte Matrose auf der Baquedano werden, ich kann jede Arbeit verrichten, putzen, wischen, Kartoffeln schälen, was Sie wollen."

Der Offizier schaute ihn nachdenklich an, dann verschwand er unter Deck …

Arbeitsaufträge:

1. Fasse die Geschichte kurz zusammen. Kläre dabei die Frage, warum und wie der Junge auf das Schiff gelangt ist.
2. Sprich den Namen des Jungen, den Namen des Schiffes und den Begriff, mit dem die Jungen aus dem Hafen bezeichnet werden, laut aus. Wo in der Welt könnte diese Geschichte spielen?
3. Wie stellst du dir die Situation vor, in der er auf das Schiff gelangt. Zeichne!
4. Welche Gedanken gehen dem Offizier durch den Kopf?
5. Wie könnte es an dieser Stelle weitergehen? Was passiert mit dem Jungen?

Der Autor

Der Autor dieser Geschichte ist Francisco Coloane, 1910 als Sohn eines Walgänger-Kapitäns auf Chiloé geboren, wuchs unter Seeleuten, Fischern, Walfängern, Robbennägern, Tauchern und Schatzsuchern auf. Als Kind hörte er den Geschichten der Tehuelche-Indianern, der Yaghans, der Onas und Alakalufs zu.

Er fuhr auf einem Walfänger zur See, was ihn zum überzeugten Gegner des Walfangs machte. Danach war er Verwalter auf einer großen Schaffarm, Matrose, Mastwächter auf einem Schulschiff der chilenischen Marine, Forscher in der Antarktis; er leitete Erdölbohrexpeditionen und befuhr die Seestraßen rund um das Kap Hoorn, zeichnete Seekarten, beteiligte sich an der Rettung manch eines Schiffes in Seenot ...

1941 veröffentlichte er seinen ersten Roman *„El Último Grumete de la Baquedano"(Der letzte Schiffsjunge der Baquedano)* und eine Sammlung von Erzählungen. Mit diesem Roman fand Francisco Coloane seine größte Leserschaft unter Erwachsenen und Jugendlichen.

1964 wurde er mit dem „Premio Nacional de Literatura", dem großen Literaturpreis Chiles ausgezeichnet. Bis heute haben seine Bücher allein in Lateinamerika eine Gesamtauflage von ca. drei Millionen erreicht.

Francisco Coloane starb am 7. August 2002.

Überlege:

1. *Warum schreibt dieser Autor einen Roman über einen Schiffsjungen?*
2. Die einzelnen Kapitel dieses Romans lauten:
   - Nach Süden
   - Die erste Nacht
   - Der letzte Schiffsjunge
   - Drei Haufen steuerbord!
   - Das Gespenst der Leonora
   - Sturm auf hoher See
   - Walfang
   - Die Alacalufs
   - Von Punta Arenas zur „Teufelsgruft"
   - Hinter den Eisbergen
   - Das „Fischotterparadies"
   - Der „Strauß der Meere"
   - Wieder daheim
   - Escobedos Wahn

Worum wird es in diesen Kapiteln gehen?

Was versteht man unter einer „Erzählung"?

Der Sperling *(Iwan Turgenjew)*

Auf der Heimkehr von der Jagd durchschritt ich die Gartenallee. Mein Hund lief vor mir her. Plötzlich hemmte er seinen Lauf und begann zu schleichen, gleich als wittere er vor sich ein Wild. Ich blickte die Allee hinunter und gewahrte einen jungen Sperling mit gelb gerandetem Schnabel und Flaum auf dem Köpfchen. Er war aus dem Nest gefallen – heftiger Wind schüttelte die Birken der Allee – und hockte unbeweglich, hilflos seine kaum hervorgesprossenen Flügelchen ausstreckend.
Langsam näherte mein Hund sich ihm, als plötzlich, von einem nahen Baume herabstürzend, der alte Sperling wie ein Stein gerade vor seiner Schnauze zu Boden fiel und völlig zerzaust, verstört, mit verzweifeltem, kläglichem Gezeter mehrmals gegen den scharf gezahnten, geöffneten Rachen lossprang. Er warf sich über sein Junges, um es zu retten, mit dem eigenen Leibe wollte er es schützen … doch sein ganzer kleiner Körper bebte vor Schrecken, sein Stimmchen klang wild und heiser, Betäubung erfasste ihn, er opferte sich selbst!
Als welch riesengroßes Untier musste ihm der Hund erscheinen! Und dennoch hatte er nicht auf seinem hohen, sicheren Aste zu bleiben vermocht … Eine Macht, stärker als sein Wille, riss ihn von dort herab. Mein Tresor hielt inne, wich zurück … Sichtlich begriff auch er diese Macht.
Schnell rief ich meinen verblüfften Hund zurück und entfernte mich, Ehrfurcht im Herzen.
Ja, lächelt nicht darüber, Ehrfurcht empfand ich vor diesem kleinen, heldenmütigen Vogel, vor der überströmenden Kraft seiner Liebe.
„Die Liebe", dachte ich, „ist stärker als der Tod und die Schrecken des Todes.
Sie allein, allein die Liebe erhält und bewegt unser Leben."

Merkmale einer Erzählung:

In der Literatur versteht man unter Erzählung, im Gegensatz beispielsweise zum Roman, ________________

literarische Texte, die aber keine ________________, ________________, ________________,

________________ oder ________________ sind. Inhaltlich gibt es dabei keine Einschränkungen.

Häufig spricht man bei kürzeren Texten auch von einer ________________, die erzählt wird.

Bekannte Erzählungen:

____

____

____

____

Was versteht man unter einer „Erzählung"?

Der Sperling *(Iwan Turgenjew)*

Auf der Heimkehr von der Jagd durchschritt ich die Gartenallee. Mein Hund lief vor mir her. Plötzlich hemmte er seinen Lauf und begann zu schleichen, gleich als wittere er vor sich ein Wild. Ich blickte die Allee hinunter und gewahrte einen jungen Sperling mit gelb gerandetem Schnabel und Flaum auf dem Köpfchen. Er war aus dem Nest gefallen – heftiger Wind schüttelte die Birken der Allee – und hockte unbeweglich, hilflos seine kaum hervorgesprossenen Flügelchen ausstreckend.
Langsam näherte mein Hund sich ihm, als plötzlich, von einem nahen Baume herabstürzend, der alte Sperling wie ein Stein gerade vor seiner Schnauze zu Boden fiel und völlig zerzaust, verstört, mit verzweifeltem, kläglichem Gezeter mehrmals gegen den scharf gezahnten, geöffneten Rachen lossprang. Er warf sich über sein Junges, um es zu retten, mit dem eigenen Leibe wollte er es schützen ... doch sein ganzer kleiner Körper bebte vor Schrecken, sein Stimmchen klang wild und heiser, Betäubung erfasste ihn, er opferte sich selbst!
Als welch riesengroßes Untier musste ihm der Hund erscheinen! Und dennoch hatte er nicht auf seinem hohen, sicheren Aste zu bleiben vermocht ... Eine Macht, stärker als sein Wille, riss ihn von dort herab. Mein Tresor hielt inne, wich zurück ... Sichtlich begriff auch er diese Macht.
Schnell rief ich meinen verblüfften Hund zurück und entfernte mich, Ehrfurcht im Herzen.
Ja, lächelt nicht darüber, Ehrfurcht empfand ich vor diesem kleinen, heldenmütigen Vogel, vor der überströmenden Kraft seiner Liebe.
„Die Liebe", dachte ich, „ist stärker als der Tod und die Schrecken des Todes.
Sie allein, allein die Liebe erhält und bewegt unser Leben."

Merkmale einer Erzählung:

In der Literatur versteht man unter Erzählung, im Gegensatz beispielsweise zum Roman, **kürzere** literarische Texte, die aber keine **Märchen**, **Sagen**, **Kurzgeschichten**, **Fabeln** oder **Legenden** sind. Inhaltlich gibt es dabei keine Einschränkungen.

Häufig spricht man bei kürzeren Texten auch von einer **Geschichte**, die erzählt wird.

Bekannte Erzählungen:

Jimmys gelbe Blume (Hanna Reiter), So war es mit dem Zirkus (Siegfried Lenz), Als dem kleinen Maxel das Haus niederbrannte (Peter Rosegger)

Was ist eine Legende?

Der heilige Korbinian

Korbinian wurde um 670 in der Nähe von Paris geboren. Schon frühzeitig wuchs in ihm der Wunsch, Priester zu werden.
Nach Jahren als Einsiedler pilgerte er 709 nach Rom, wo er von Papst Gregor zum Priester geweiht wurde. Der Bayernherzog rief ihn an den Hof von Regensburg, konnte ihn aber nicht halten. Korbinian zog ein zweites Mal nach Rom. Enttäuscht wollte er seine Missionstätigkeit aufgeben, aber der Papst konnte ihn umstimmen.
Auf dem Rückweg gründete er in Mais in Südtirol ein Kloster. Von dort wurde er gewaltsam nach Freising zurückgeholt. In Freising entfaltete der heilige Korbinian lange Jaher seine segensreiche Tätigkeit.
Um der Rache der Herzogin Piltrud zu entgehen, zog er sich wieder nach Mais zurück. Nach ihrem Tode kehrte er nach Freising zurück.
Er starb am 8. September 730.

Folgende Legende erzählt ein Ereignis aus dem Leben des heiligen Korbinian:

Die Anhöhe bei Freising, auf der sich später das St.-Stephans-Kloster erhob, war ein Lieblingsaufenthalt des heiligen Korbinian und seiner Gefährten. Es fehlte dem Ort aber an Wasser, sodass man Mühe hatte, es von Weitem herbeizuschleppen. Da verrichtete der Gottesmann ein Gebet, ergriff seinen Stab und schlug auf den Felsen, worauf alsbald eine Quelle des reinsten Wassers hervorquoll.
Als der Heilige starb, versiegte die Quelle und kam erst 50 Jahre später, als Korbinians Leiche nach Freising gebracht worden war, aufs Neue zum Vorschein.

Merkmale einer Legende:

Wenn sagen- oder märchenhafte Geschichten im Zusammenhang mit ____________________ oder der Kirche erzählt werden, spricht man von ____________________.

Bereits im Mittelalter gab es bedeutende Legendensammlungen. Im Mittelpunkt der Legende stehen Begebenheiten aus der ____________________ und Erzählungen aus ____________________ von Heiligen.

Ursprünglich wurden in Kirchen und Klöstern am Jahrestag des/der Heiligen Geschichten über ihn/sie vorgelesen, wobei besonders die ____________________ Ereignisse dargestellt wurden.

Bekannte Legenden: ____ …

Was ist eine Legende?

Der heilige Korbinian

Korbinian wurde um 670 in der Nähe von Paris geboren. Schon frühzeitig wuchs in ihm der Wunsch, Priester zu werden.
Nach Jahren als Einsiedler pilgerte er 709 nach Rom, wo er von Papst Gregor zum Priester geweiht wurde. Der Bayernherzog rief ihn an den Hof von Regensburg, konnte ihn aber nicht halten. Korbinian zog ein zweites Mal nach Rom. Enttäuscht wollte er seine Missionstätigkeit aufgeben, aber der Papst konnte ihn umstimmen.
Auf dem Rückweg gründete er in Mais in Südtirol ein Kloster. Von dort wurde er gewaltsam nach Freising zurückgeholt. In Freising entfaltete der heilige Korbinian lange Jaher seine segensreiche Tätigkeit.
Um der Rache der Herzogin Piltrud zu entgehen, zog er sich wieder nach Mais zurück. Nach ihrem Tode kehrte er nach Freising zurück.
Er starb am 8. September 730.

Folgende Legende erzählt ein Ereignis aus dem Leben des heiligen Korbinian:

Die Anhöhe bei Freising, auf der sich später das St.-Stephans-Kloster erhob, war ein Lieblingsaufenthalt des heiligen Korbinian und seiner Gefährten. Es fehlte aber dem Ort an Wasser, sodass man Mühe hatte, es von Weitem herbeizuschleppen. Da verrichtete der Gottesmann ein Gebet, ergriff seinen Stab und schlug auf den Felsen, worauf alsbald eine Quelle des reinsten Wassers hervorquoll.
Als der Heilige starb, versiegte die Quelle und kam erst 50 Jahre später, als Korbinians Leiche nach Freising gebracht worden war, aufs Neue zum Vorschein.

Merkmale einer Legende:

Wenn sagen- oder märchenhafte Geschichten im Zusammenhang mit **Heiligen** oder der Kirche erzählt werden, spricht man von **Legenden**.

Bereits im Mittelalter gab es bedeutende Legenden-Sammlungen. Im Mittelpunkt der Legende stehen Begebenheiten aus der **Bibel** und Erzählungen aus **dem Leben** von Heiligen.

Ursprünglich wurden in Kirchen und Klöstern am Jahrestag des/der Heiligen Geschichten über ihn/sie vorgelesen, wobei besonders die **sagenhaften** Ereignisse dargestellt wurden.

Bekannte Legenden: **Die heilige Walburga, Der heilige Sebastian** …

Die Legende vom heiligen Christopherus

Christopherus war ein Hüne von Gestalt, ein Riese, groß und kräftig. Als Lebensziel hatte er sich in den Sinn gesetzt, dem Mächtigsten zu dienen. Mächtige – das waren damals die Könige. So bot er seine Dienste dem mächtigsten König Vorderasiens an. Er diente dem König so lange, bis er merkte, dass der König zusammenzuckte, wenn vom Teufel die Rede war.

Den Teufel fürchtete der starke König, also musste der Teufel mächtiger sein, dachte unser Riese und machte sich auf, den Teufel zu suchen. Er fand ihn und kam in seine Dienste. Eines Tages ritten sie zu zweit am Rande der Wüste. Da kamen sie an eine Weggabelung, an der ein Holzkreuz stand. Der Teufel machte einen Umweg, um nicht am Kreuz vorüberreiten zu müssen. Der Riese ließ nicht locker, bis der Teufel ihm erklärte, das Kreuz stünde als Zeichen für den gekreuzigten und von Gott auferweckten Jesus Christus. Mit dem wolle er nichts zu tun haben, denn mit Gott könne man nicht ringen.

Da machte sich der Riese auf, Jesus zu suchen. Ein Eremit in der Wüste sagte ihm: „Jesus findest du durch Beten und Fasten." Das war nichts für unseren Riesen. „Gibt es denn keinen anderen Weg?", fragte er verzweifelt, und der Einsiedler riet ihm: „Geh an den Fluss, und trage schwache und alte Menschen durch die Furt. So dienst du Gott und den Menschen."

Eines Abends, schon im Halbschlaf, hörte der Riese den Ruf „Hol über". Es war eine leise Stimme, die eines Kindes. Aber der Riese sah niemanden und legte sich wieder hin. Erst beim dritten Mal entdeckte er das Kind und wunderte sich, dass ein kleiner Junge so spät unterwegs war. Er setzte ihn auf seine Schulter, nahm einen Wanderstab und stieg in den Fluss. Der Strom war reißend, und nie war ihm eine Last so schwer vorgekommen. Fast war es ihm, als drückte das Kind seinen Kopf unter Wasser. Ächzend kam er mit seiner Last am anderen Ufer an.

Verwundert schüttelte der Riese den Kopf: „Du bist nur ein Kind. Mir war es, als hätte ich die ganze Welt getragen." „Du hast die ganze Welt getragen, und mehr als das", sagte das Kind und fuhr fort: „Ich bin Jesus Christus, dem du dienst. Ich taufe dich auf den Namen Christopherus – Christusträger."

Da strahlte der Riese, denn er hatte sein Lebensziel erreicht. Er hatte den Stärksten getragen, der uns und die Sünden der Welt trug.

Heute gilt Christopherus unter anderem als Schutzpatron der Autofahrer. Immer noch ist es Brauch, dass Jugendliche, wenn sie den Führerschein erworben und ein eigenes Auto gekauft haben, ein Medaillon geschenkt bekommen, das sie im Auto aufbewahren und das sie vor Unfällen schützen soll.

Aufgrund der Geschichte seiner Taufe findet Christopherus im Rahmen der Taufe ebenfalls Beachtung. Zur Taufe schenken Verwandte häufig den heiligen Christopherus als Schmuckstück in Form eines Anhängers.

Die Gedenktage des heiligen Christopherus heute:

katholisch/evangelisch: 24. Juli
orthodox: 9. Mai

Besuch der Bücherei – Fragenkatalog

1. Fertige eine Skizze der Bücherei deiner Wahl! Was findest du an den angegebenen Stellen?

2. Gib die Öffnungszeiten der Bücherei an:

3. Welche Medien bietet die Bücherei außer den Büchern noch an?

4. Wie hoch ist die Jahresgebühr? Wie hoch die Ausleihgebühr? Wie lange darf man Bücher usw. ausleihen?

5. Wo würdest du Bücher suchen, die für deinen Bruder (10 Jahre) interessant wären?

6. Wo würdest du Bücher suchen, die deine Eltern zur Unterhaltung lesen möchten?

7. Wo würdest du Bücher suchen, die Informationen zu Themen des Unterrichts beinhalten?

8. Welche Nachschlagewerke gibt es in der Bücherei?

9. Gibt es in der Bücherei einen Internetanschluss? Erläutere die Situation!

10. In welcher Weise kannst du am Computer nach Büchern usw. suchen?

11. Wie viele Bände umfasst die Bücherei? Wie viele davon sind ausgeliehen?

12. Wer finanziert die Bücherei? Wie hoch sind die jährlichen Ausgaben?

13. Welche Veranstaltungen kannst du in der Bücherei besuchen? Wann findet die nächste statt?

Gelungene Beispiele für Leseförderung

Eine Initiative von INTERSNACK in Zusammenarbeit mit der Stiftung Lesen

Der Deutsche Vorlesepreis

Kreative Ideen und herausragendes Engagement rund um das Thema „lebendige Vorlesekultur" werden beim Deutschen Vorlesepreis honoriert. Er wurde im Herbst 2005 vom Kölner Unternehmen Intersnack ins Leben gerufen, seit 2006 ist die Stiftung Lesen, Deutschlands größte Ideenwerkstatt für Leseförderung unter Schirmherrschaft des Bundespräsidenten, Partner des Projekts.

Der Hintergrund dieser einzigartigen Initiative: Wer nicht schon als Kind die Möglichkeit hat, im Kopf auf Weltreise zu gehen, wird es ungleich schwerer haben, im späteren Leben ein begeisterter Leser zu werden. Deshalb engagieren sich in Deutschland tausende von ehrenamtlichen Vorleserinnen und Vorlesern, Kindern und Jugendlichen für das Vorlesen. Die besten, kreativsten und aktivsten unter ihnen auszuzeichnen und ihnen Anerkennung für ihr Engagement zukommen zu lassen, ist das Ziel des Deutschen Vorlesepreises.

Weitere Informationen:
www.derdeutschevorlesepreis.de
www.stiftunglesen.de

Das lesende Klassenzimmer

Im Rahmen der Leseförderung nahmen die 6. Klassen der Ludwig-Auer-Schule am Vorlesewettbewerb „Das lesende Klassenzimmer" teil.

Der Börsenverein des Deutschen Buchhandels, auf dessen Initiative hin dieser Wettbewerb ausgetragen wird, stellt dazu fest: „Bücher befördern Ideale. Sie sind unverzichtbar für die Entwicklung unserer Gesellschaft und deren Ideale."

Der Börsenverein unterstützt die Schulen auch finanziell. So erhielt jedes Kind, das an diesem Wettbewerb teilnahm, ein preisgekröntes Taschenbuch. Zunächst wurde in den Klassen fleißig gelesen, und jeder Schüler präsentierte eine Buchvorstellung; dann wurden die Klassensieger ermittelt. Im Anschluss daran besuchten die jeweiligen Klassensieger die Stadtbücherei, um den Schulsieger zu ermitteln. Die Jury beurteilte die Lesefertigkeit aller Kandidaten an einem bekannten und unbekannten Text und fällte dann eine denkbar knappe Entscheidung. Jessica Groß, Klasse 6c, vertritt nun die Schule im Kreiswettbewerb in Monheim, an dem alle Schularten teilnehmen.

Arbeitsaufträge:

1. Warum wurde „Der Deutsche Vorlesepreis" ins Leben gerufen?
2. Wer hat den Wettbewerb „Das lesende Klassenzimmer" initiiert?
3. Welche Bedeutung wird dem Lesen jeweils beigemessen?
4. Was ist der Unterschied zwischen dem „Deutschen Vorlesepreis" und dem „lesenden Klassenzimmer"?
5. Wie läuft der Wettbewerb „Das lesende Klassenzimmer" ab?
6. Würdest du auch gerne an einem solchen Wettbewerb teilnehmen?
7. Hast du ein Buch gelesen, das du deinen Mitschülern gerne vorstellen würdest? Worum geht es darin?
8. Welche Textstelle würdest für einen kurzen Vortrag auswählen?

Wir nehmen an einem Lesewettbewerb teil

Wenn du an einem Lesewettbewerb teilnehmen willst, ist eine konzentrierte Vorbereitung von großer Wichtigkeit.

1. Jugendbücher lesen:

Zunächst solltest du einige Bücher gelesen haben, um beurteilen zu können, welche Themen dir großen Spaß machen und welche du gerne deinen Mitschülern vorstellen möchtest. Notiere zu diesem Zweck zunächst drei Bücher, die du entweder bereits gelesen hast oder die du noch nicht gelesen hast, aber interessant findest, oder von denen du bereits gehört hast.
Notiere Buchtitel und Autor!

- ____
- ____
- ____

Wähle dann das Buch aus, das du am liebsten in einem Referat vorstellen möchtest.

2. Kurzreferat in der Klasse halten:

Nun kannst du dein gewähltes Buch deinen Mitschülern vorstellen. Halte ein kurzes Referat (Dauer: ca. 5 Minuten). Folgende Punkte sollten enthalten sein:

- Das Buch: *(Notiere stichpunktartig!)*

  Personen: ________________________________

  ____

Ort: ______________________________

____

Zeit: ______________________________

____

Handlung: ______________________________

____

____

____

- Der Autor: *(Notiere stichpunktartig!)*

Lebenslauf: ______________________________

____

____

____

____

Werke: ______________________________

____

____

- Eigene Meinung: *(Notiere stichpunktartig!)*

Zum Buch: ______________________________

____

____

____

____

____

Zum Autor: ______________________________

____

____

____

3. Vortrag einer Textpassage aus dem von dir gewählten Buch:

Auf das Vorlesen kommt es nun ganz besonders an. Auch das kann man optimal vorbereiten:

- Suche dir eine Textstelle heraus, die
  - besonders spannend ist
  - am besten zu dir passt
  - den Inhalt des Buches besonders deutlich charakterisiert
  - ______________________________
- Lies dir die ausgewählte Textpassage zunächst leise so oft durch, bis du über den Inhalt ganz genau Bescheid weißt.
- Lies nun den Text laut, bis du ihn flüssig lesen kannst.
- Gehe jetzt daran, den Text für den Vortrag zu gestalten, z. B.:
  - Unterstreiche die Wörter, die du betonen willst!
  - Setze einen Schrägstrich, wo du eine kleine Pause machen willst!
  - Denke an deine Stimme! Kläre folgende Fragen:
    An welcher Stelle lese ich laut, an welcher leise?
    Mache mit der Stimme Gefühle deutlich. Passe sie der Textstelle an:
    fröhlich, bedrohlich, unheimlich, vertrauensvoll …
- Trage die Textpassage verschiedenen Personen vor!
- Nimm deinen Testvortrag auf Band auf, und beurteile ihn kritisch!
  Verbessere noch evtl. vorhandene Schwächen!
- Trage die Textstelle nun in der Klasse vor, und lasse deine Mitschüler spüren, dass es dir Spaß macht, ihnen dieses Buch vorstellen zu dürfen!

Auf Schulebene oder auf Kreisebene:

Diese Vorbereitung ist auch für die Teilnahme an dem Lesewettbewerb auf höherer Ebene wichtig. Achte dabei auch auf angemessene Kleidung!

Sprichwörter und Redensarten

1. Sprichwörter bringen in abgeschlossenen Sätzen „Volksweisheiten" zum Ausdruck:

Welches Sprichwort passt am besten zu diesem Bild und warum? Welche Sprichwörter können zu dem Bild passen, welches Sprichwort passt überhaupt nicht?

- Kommt Zeit, kommt Rat. ____________________
- Eine Schwalbe macht noch keinen Sommer. ____________________
- Lehrjahre sind keine Herrenjahre! ____________________
- Ohne Fleiß kein Preis! ____________________
- Des Menschen Wille ist sein Himmelreich. ____________________
- Lügen haben kurze Beine. ____________________

2. Redensarten sind bildhafte Ausdrücke, die im übertragenen Sinn zu verstehen sind.

Was bedeuten die folgenden Redensarten? Ordne zu!

1 Aus einer Ohnmacht in die andere fallen	____	sich bereichern
2 Nach seiner Pfeife tanzen	____	stillschweigende Übereinkunft
3 Sich die Taschen füllen	____	keinen Schaden erleiden
4 Teuer zu stehen kommen	____	immer wieder aufs Neue entsetzt sein
5 Eine Tonart anschlagen	____	auf bestimmte Weise äußern
6 Einen Trumpf in der Hand haben	____	das tun, was jemand befiehlt
7 Ungeschoren davonkommen	____	einen Vorteil für sich haben
8 Ein ungeschriebenes Gesetz	____	üble Folgen haben

Sprichwörter und Redensarten

1. Sprichwörter bringen in abgeschlossenen Sätzen „Volksweisheiten" zum Ausdruck:

Welches Sprichwort passt am besten zu diesem Bild und warum? Welche Sprichwörter können zu dem Bild passen, welches Sprichwort passt überhaupt nicht?

- Kommt Zeit, kommt Rat. **Passt einigermaßen**
- Eine Schwalbe macht noch keinen Sommer. **Passt nicht**
- Lehrjahre sind keine Herrenjahre! **Passt am besten**
- Ohne Fleiß kein Preis! **Passt gut**
- Des Menschen Wille ist sein Himmelreich. **Passt einigermaßen**
- Lügen haben kurze Beine. **Passt überhaupt nicht**

2. Redensarten sind bildhafte Ausdrücke, die im übertragenen Sinn zu verstehen sind.

Was bedeuten die folgenden Redensarten? Ordne zu!

1	Aus einer Ohnmacht in die andere fallen	**3**	sich bereichern
2	Nach seiner Pfeife tanzen	**8**	stillschweigende Übereinkunft
3	Sich die Taschen füllen	**7**	keinen Schaden erleiden
4	Teuer zu stehen kommen	**1**	immer wieder aufs Neue entsetzt sein
5	Eine Tonart anschlagen	**5**	auf bestimmte Weise äußern
6	Einen Trumpf in der Hand haben	**2**	das tun, was jemand befiehlt
7	Ungeschoren davonkommen	**6**	einen Vorteil für sich haben
8	Ein ungeschriebenes Gesetz	**4**	üble Folgen haben

Rechtschreibstrategien anwenden

Großmacht Presse

Die ursprüngliche Bedeutung des Wortes „Zeitung" ist „Nachricht", „Botschaft", die zunächst mündlich, dann auch schriftlich überbracht wurde. Heute berichtet die Zeitung täglich über die neuesten Meldungen aus aller Welt. Informationen sind schnell greifbar. Für viele Menschen ist sie ein wichtiges Bindeglied zum öffentlichen Leben. Die Zeitung wirkt glaubhaft und beeinflusst ihre Leser auch in erheblichem Ausmaß. Nur wenige Leser stehen Meldungen skeptisch gegenüber.

1. Ich achte auf die Endung des Wortes:

In dem Text sind einige Wortendungen enthalten, die auf ein Adjektiv hindeuten. Finde sie heraus, und schreibe auch das Adjektiv dazu. Bilde aus diesen Nachsilben und den hier vorgegebenen Wörtern Adjektive:

Kind – glauben – Ruhe – Herz – Wunder – schweigen

– ________ : ______________________________

– ________ : ______________________________

– ________ : ______________________________

– ________ : ______________________________

– ________ : ______________________________

– **sam** : ______________________________

2. Ich beachte das Signalwort:

Nach diesen Wörtern wird das folgende Adjektiv **großgeschrieben**:

etwas – viel – wenig – manches – nichts

Bilde mit diesen Signalwörtern und einem Adjektiv einen sinnvollen Satz! Schreibe das Adjektiv dabei groß, und unterstreiche die Verbindung Signalwort + Adjektiv:

nützlich – lieblich – gut – sonderbar – neu

Von meiner Freundin habe ich heute viel Neues erfahren.

____

____

____

____

____

Rechtschreibstrategien anwenden

Großmacht Presse

Die ursprüngliche Bedeutung des Wortes „Zeitung" ist „Nachricht", „Botschaft", die zunächst mündlich, dann auch schriftlich überbracht wurde. Heute berichtet die Zeitung täglich über die neuesten Meldungen aus aller Welt. Informationen sind schnell greifbar. Für viele Menschen ist sie ein wichtiges Bindeglied zum öffentlichen Leben. Die Zeitung wirkt glaubhaft und beeinflusst ihre Leser auch in erheblichem Ausmaß. Nur wenige Leser stehen Meldungen skeptisch gegenüber.

1. Ich achte auf die Endung des Wortes:

In dem Text sind einige Wortendungen enthalten, die auf ein Adjektiv hindeuten. Finde sie heraus, und schreibe auch das Adjektiv dazu. Bilde aus diesen Nachsilben und den hier vorgegebenen Wörtern Adjektive:

Kind – glauben – Ruhe – Herz – Wunder – schweigen

- **isch** : **skeptisch, kindisch**
- **haft** : **glaubhaft**
- **ig** : **wichtig, ruhig**
- **lich** : **mündlich, schriftlich, täglich, herzlich, öffentlich, erheblich**
- **bar** : **greifbar, wunderbar**
- **sam** : **schweigsam**

2. Ich beachte das Signalwort:

Nach diesen Wörtern wird das folgende Adjektiv **großgeschrieben**:

etwas – viel – wenig – manches – nichts

Bilde mit diesen Signalwörtern und einem Adjektiv einen sinnvollen Satz! Schreibe das Adjektiv dabei groß und unterstreiche die Verbindung Signalwort + Adjektiv:

nützlich – lieblich – gut – sonderbar – neu

Von meiner Freundin habe ich heute viel Neues erfahren.

Meine Oma schenkt mir immer etwas Nützliches zum Geburtstag.

Das Mädchen hatte nichts Liebliches an sich.

Von Paul erfuhr ich manches Sonderbares.

Es gab viel zu essen, aber nur wenig Gutes.

Rechtschreibtest

1. Schreibe den Text fehlerfrei ab!

Vor alten Zeiten gab es einmal einen mächtigen König; der zog aus mit Heeresmacht in fremde Länder, brannte Dörfer und Städte nieder und schleppte die Einwohner in Gefangenschaft. Seine Taten ließ er in Felsen einmeißeln, und als er sein Ende herannahen fühlte, da ließ er sich aus gewaltigen Steinen einen Grabespalast errichten und bestimmte, seinen Leichnam in köstliche Salbe zu legen, damit der Tod ihm nichts anhaben könne.

2. Verbinde die einzelnen Wortteile zu sinnvollen Wörtern:

Al – kurz – gesetz – program – Reno – Glau – vierung – Natur – land – zahl – raum – schweinchen – vieren – bum – reno – glaub – Beglei – Hohl – Hol – Mehr – al – mieren – sack – ärmelig – bern – Meer – haft – Dudel – tung – be

3. Nenne fünf weitere Wörter aus der Wortfamilie „spielen“:

____

____

4. Bilde die Mehrzahl:

der Satz: ____________ das Los: ____________

die Gefahr: ____________ das Haus: ____________

der Hund: ____________ die Burg: ____________

das Band: ____________ der Witz: ____________

5. In dem folgenden Text sind Fehler enthalten. Notiere sie in der richtigen Schreibweise unter dem Text:

Das Rint ist eines der ältesten Nuztiere. Zunächst wurde es nur als Fleischlieferant genutzt. Später wurde es als Zugtier vor den Pfluk gespannt. Auf diese Weise wurde die Feldarbeit enorm erleichtert. In Deutschland werden diese Tiere heute nur noch für die Milch- und Fleischbroduktion gehalten. Die Tiere treten nur mit den Spitzen von zwei großen Zehen auf; man nennt sie deshalb Pahrhufer.

____

____

6. Setze ein: „das“ oder „dass“:

Mein Freund meint, ____________ wir uns heute noch in der Stadt treffen sollten.

Ich nehme das Bild, ____________ an der Wand hängt, ab.

Das Glas, ____________ auf den Boden gefallen ist, ist leider zerbrochen.

____________ er seine Hausaufgabe nicht gemacht hat, war doch zu vermuten.

7. Ergänze die Tabelle:

Nomen	Verb	Adjektiv
Folge		
		heilbar
Hilfe		
	messen	
	ruhen	
		empfindlich

Rechtschreibtest

1. Schreibe den Text fehlerfrei ab!

Vor alten Zeiten gab es einmal einen mächtigen König; der zog aus mit Heeresmacht in fremde Länder, brannte Dörfer und Städte nieder und schleppte die Einwohner in Gefangenschaft. Seine Taten ließ er in Felsen einmeißeln, und als er sein Ende herannahen fühlte, da ließ er sich aus gewaltigen Steinen einen Grabespalast errichten und bestimmte, seinen Leichnam in köstliche Salbe zu legen, damit der Tod ihm nichts anhaben könne.

2. Verbinde die einzelnen Wortteile zu sinnvollen Wörtern:

Al – kurz – gesetz – program – Reno – Glau – vierung – Natur – land – zahl – raum – schweinchen – vieren – bum – reno – glaub – Beglei – Hohl – Hol – Mehr – al – mieren – sack – ärmelig – bern – Meer – haft – Dudel – tung – be

kurzärmelig – Naturgesetz – programmieren – Renovierung – renovieren – glaubhaft – Begleitung – Dudelsack – Hohlraum – Holland – Glaube – Meerschweinchen – Mehrzahl – albern – Album

3. Nenne fünf weitere Wörter aus der Wortfamilie „spielen":

____

____

4. Bilde die Mehrzahl:

der Satz: **die Sätze**

die Gefahr: **die Gefahren**

der Hund: **die Hunde**

das Band: **die Bänder**

das Los: **die Lose**

das Haus: **die Häuser**

die Burg: **die Burgen**

der Witz: **die Witze**

5. In dem folgenden Text sind Fehler enthalten. Notiere sie in der richtigen Schreibweise unter dem Text:

Das Rint ist eines der ältesten Nuztiere. Zunächst wurde es nur als Fleischlieferant genutzt. Später wurde es als Zugtier vor den Pfluk gespannt. Auf diese Weise wurde die Feldarbeit enorm erleichtert. In Deutschland werden diese Tiere heute nur noch für die Milch- und Fleischbroduktion gehalten. Die Tiere treten nur mit den Spitzen von zwei großen Zehen auf; man nennt sie deshalb Pahrhufer.

Rind, Nutztiere, Pflug, Fleischproduktion, Paarhufer

____

6. Setze ein: „das" oder „dass":

Mein Freund meint, **dass** wir uns heute noch in der Stadt treffen sollten.

Ich nehme das Bild, **das** an der Wand hängt, ab.

Das Glas, **das** auf den Boden gefallen ist, ist leider zerbrochen.

Dass er seine Hausaufgabe nicht gemacht hat, war doch zu vermuten.

7. Ergänze die Tabelle:

Nomen	Verb	Adjektiv
Folge	**folgen**	**folgsam**
Heilung	**heilen**	heilbar
Hilfe	**helfen**	**hilfreich**
Maß	messen	**messbar**
Ruhe	ruhen	**ruhig**
Empfindung	**empfinden**	empfindlich

Testdiktat

Die Hunnen kommen

Ein wüstes Volk, das nur die Jagd, aber keine andere Arbeit kannte und durch Raubzüge den Frieden seiner Nachbarvölker störte – so beschrieb ein griechischer Geschichtsschreiber die Hunnen.

Das kriegerische Reitervolk aus der Mitte Asiens war gegen Ende des 4. Jahrhunderts plötzlich im Osten Europas aufgetaucht und verbreitete überall Angst und Schrecken. In Südrussland besiegten die Hunnen im Jahre 385 die germanischen Ostgoten. Sie zwangen die Besiegten, sich ihrem Heer anzuschließen, und zogen weiter westwärts. Die Westgoten an der Donau wollten nicht das gleiche Schicksal erleiden wie ihr Brudervolk und flohen deshalb bis an die Grenze des Römischen Reiches.

Auf diese Weise verdrängten die Hunnen germanische Völker aus ihren ursprünglichen Siedlungsgebieten. Es kam zur großen Völkerwanderung. Massenweise drangen Germanen in das Römerreich ein. Teilweise erhielten sie die Erlaubnis, sich anzusiedeln, teilweise vertrieb die einheimische Bevölkerung sie.

Die Goten durften sich innerhalb der Grenzen des Reiches ansiedeln, mussten sich aber verpflichten, bei der Verteidigung des Römischen Reiches mitzuhelfen.

(159 Wörter)

Bewertungsschlüssel:

0–1,5	Fehler:	Note 1
2,0–4,0	Fehler:	Note 2
4,5–6,5	Fehler:	Note 3
7,0–9,0	Fehler:	Note 4
9,5–12,0	Fehler:	Note 5
12,5–	Fehler:	Note 6

Testdiktat

Das Entstehen der Städte

Seit dem 11. Jahrhundert nahm die Zahl der Städte im Deutschen Reich immer mehr zu. Dies hatte verschiedene Gründe.

Die Bauern erzielten durch Fortschritte in der Landwirtschaft reichere Ernten. Die Menschen konnten sich somit besser ernähren, es starben weniger Leute an Seuchen. Deshalb wuchs die Bevölkerung stetig an. Dadurch wiederum erhielten die Grundherren mehr Abgaben und wurden immer reicher. Ihre Ansprüche stiegen. Sie wünschten sich edlere Stoffe, Gewürze und Schmuck, als die Handwerker und Bauern aus den Dörfern liefern konnten. Solche Waren mussten Kaufleute von weit her beschaffen. Um Klöster, Burgen und Herrensitze herum entstanden nun Märkte, und besonders geschickte Handwerker und Kaufleute siedelten sich dort an.

Ab dem 12. Jahrhundert gründeten immer mehr Fürsten und Könige an verkehrsgünstigen Stellen solche Marktorte. Aus ihnen entstanden allmählich die Städte. Für viele Menschen war das Leben in der Stadt verlockend. Sie fühlten sich sicher. Eine Stadtmauer mit Türmen, Toren, Wehrgängen und Schießscharten schützte die Bewohner und die Waren der Kaufleute.

(162 Wörter)

Bewertungsschlüssel:

0–1,5	Fehler:	Note 1
2,0–4,0	Fehler:	Note 2
4,5–6,5	Fehler:	Note 3
7,0–9,0	Fehler:	Note 4
9,5–12,0	Fehler:	Note 5
12,5–	Fehler:	Note 6

Testdiktat

Der Kreislauf des Wassers

Alle Menschen, Tiere und Pflanzen brauchen Wasser zum Leben. Trotzdem ist das Wort „Wasserverbrauch" eigentlich falsch, denn das Wasser wird nicht verbraucht, sondern befindet sich in einem ständigen Kreislauf.
Regen, Schnee, Hagel oder Tau gehen als Niederschläge auf die Erde nieder. Ein Teil dieser Niederschläge versickert im Boden und wird zum Grundwasser. Zum Versickern genügen winzige Risse und Spalten.
Ein anderer Teil fließt als Oberflächenwasser in Bächen und Flüssen zum Meer. Die Sonne erwärmt das Wasser. Es verdunstet zu unsichtbarem Wasserdampf und steigt nach oben. In höheren Luftschichten ist es kälter. Dort verdichtet sich nun der Wasserdampf zu kleinen Wassertröpfchen: Eine Wolke entsteht. In der Wolke werden die Wassertropfen größer und schwerer. Schließlich fallen sie zur Erde herab. Es regnet und der Wasserkreislauf schließt sich.
Auch das Wasser, das wir Menschen zum Beispiel im Haushalt, in der Landwirtschaft, in der Industrie oder im heimischen Garten entnehmen, fließt wieder in diesen Kreislauf zurück.
Dabei bleibt der Wasservorrat der Erde immer gleich.

(164 Wörter)

Bewertungsschlüssel:

0–1,5	Fehler:	Note 1
2,0–4,0	Fehler:	Note 2
4,5–6,5	Fehler:	Note 3
7,0–9,0	Fehler:	Note 4
9,5–12,0	Fehler:	Note 5
12,5–	Fehler:	Note 6

Testdiktat

Freizeit – freie Zeit?

Freizeit ist eine Zeit, in der man für etwas frei ist. So verstehen die meisten Menschen ihre Freizeit. Untersuchungen aber zeigen, dass viele Menschen erst lernen müssen, ihre Freizeit sinnvoll zu nutzen.
Viele Kinder und Jugendliche können kaum etwas Sinnvolles mit ihrer Freizeit anfangen. Im Elternhaus erleben sie die Freizeit als langweilige Zeit, in der man fernsieht, Computerspiele spielt und manchmal auch nur einfach Zeit vertrödelt. Bei anderen ist die Freizeit fest verplant, und sie hetzen von einem Termin zum anderen. Dabei sind es nicht nur die Eltern, die für diese Termine sorgen, auch die Jugendlichen selbst planen eine Aktivität nach der anderen. Ihre Freizeit wird zum Freizeitstress, weil sie diese Termine regelrecht „abarbeiten".
Experten wissen, dass viele Kinder und Jugendliche deshalb lernen müssen, sinnvoll mit ihrer Freizeit umzugehen.
Den gestressten Jugendlichen raten sie sogar, gezielt zu faulenzen. Damit ist aber nicht das Totschlagen der Zeit gemeint, sondern die Anregung, ab und zu einmal gezielt zu entspannen und die Zeit zu genießen. Frei nach dem Motto: Lieber einmal etwas verpassen, als immer dabei zu sein.

(179 Wörter)

Bewertungsschlüssel:

0–1,5	Fehler:	Note 1
2,0–4,0	Fehler:	Note 2
4,5–6,5	Fehler:	Note 3
7,0–9,0	Fehler:	Note 4
9,5–12,0	Fehler:	Note 5
12,5–	Fehler:	Note 6

Text- und Bildnachweis

Textnachweis

Seite 40: Zeitungsartikel: Bus stürzte bei Unfall um: Drei Tote. Aus: Donauwörther Zeitung, 30.10.2007, S.10, ©dpa

Seite 141: Coloane, Francisco: „Der letzte Schiffsjunge der Baquedano". Aus dem Spanischen von Willi Zurbrüggen. © 2000 by Unionsverlag, Zürich.

Seite 143/144: Turgenjew, Iwan: Der Sperling. Aus: Gedichte in Prosa. Frankfurt: Insel

Bildnachweis

Seite 11: © MEV-Verlag
Seite 17: Raumschiff © innovari – Fotolia.com
Seite 50: © MEV-Verlag
Seite 84: © MEV-Verlag
Seite 88: © Bibliographisches Institut & F.A. Brockhaus AG, Mannheim
Seite 142: © Unionsverlag, Zürich
Seite 150: © Stiftung Lesen

Übrige Fotos: Autor, Verlagsarchiv

Praxiserprobt und topaktuell: Materialien von Auer!

Für spannende Literaturstunden!

Hans Heinrich

Romane

Ausgearbeitete Stundenbilder mit Texten, Arbeitsblättern und Bildmaterial für die Sekundarstufe

- Sofort einsetzbare Materialien zur Literaturvermittlung!

Der Band ist besonders für die **7.–11. Jahrgangsstufe** geeignet und enthält jeweils zentrale Auszüge aus einzelnen Romanen wie „Farm der Tiere", „Fahrenheit 451", „Der Seewolf", „Die neuen Leiden des jungen W.", „... aber Steine reden nicht", „Die Welle", „Das siebte Kreuz" oder „Der Richter und sein Henker" und bietet **sorgfältig ausgearbeitete Vorschläge** für die Unterrichtsplanung. Sofort einsetzbare **Kopier- und Folienvorlagen** ermöglichen eine fundierte Erarbeitung der Inhalte. Das umfangreiche Bildmaterial dient ebenso der Veranschaulichung wie der Vertiefung der Inhalte.

160 S., DIN A4, kart.
- Best.-Nr. **4742**

Claudia Dreyer

Barock kreativ!

Eine bedeutende Literaturepoche aktiv erarbeiten
Mit 35 Kopiervorlagen für 13 Unterrichtseinheiten

Lassen Sie den Barock lebendig werden! Ganz egal ob Sie in „Verlassene Herzen" ein barockes Liebesgedicht mit einem Liebeslied von Silbermond vergleichen oder Standbilder zu einer barocken Komödie entwerfen, die Zugänge sind so abwechslungsreich wie fundiert.
In Kleingruppen, so genannten Sprachgesellschaften, erarbeiten die Schüler/-innen die Aufträge einer jeden Unterrichtseinheit und präsentieren ihre Ergebnisse.

Dieser Band enthält:
- einen kurzen Theorie- und Methodenteil
- einen umfangreichen Praxisteil mit Texten, Aufgaben und Abbildungen
- Klausuraufgaben

88 S., DIN A4, kart.
- Best.-Nr. **4918**

rororo rotfuchs Lesereihe

Jutta Bartels/Wilfried Witte

Margret Steenfatt: Hass im Herzen

Unterrichtsideen für die Sekundarstufe I
Mit Kopiervorlagen

Das Jugendbuch „Hass im Herzen" motiviert durch seine spannende Geschichte zum Lesen. Die begleitende Unterrichtshilfe ermöglicht Ihnen durch übersichtliches, gut strukturiertes Material den unproblematischen und zeitsparenden Einsatz im Unterricht. Die methodisch abwechslungsreichen Aufgaben umfassen auch Grammatik, Orthografie und Wortschatz.

84 S., DIN A4, kart.
- Best.-Nr. **4837**

Auer **BESTELLCOUPON** Auer

Ja, bitte senden Sie mir/uns mit Rechnung:

_____ Expl. Hans Heinrich
Romane Best.-Nr. **4742**

_____ Expl. Claudia Dreyer
Barock kreativ! Best.-Nr. **4918**

_____ Expl. Jutta Bartels/Wilfried Witte
Margret Steenfatt: Hass im Herzen Best.-Nr. **4837**

Bequem bestellen direkt bei uns!
Telefon: 01 80 / 5 34 36 17
Fax: 09 06 / 7 31 78
E-Mail: info@auer-verlag.de
Internet: www.auer-verlag.de

Bitte kopieren und einsenden/faxen an:

Auer Versandbuchhandlung
Postfach 11 52
86601 Donauwörth

Meine Anschrift lautet:

____
Name/Vorname

____
Straße

____
PLZ/Ort

____
E-Mail

____
Datum/Unterschrift